Berchtold · Stockdorf

Ludwig Berchtold

Stockdorf

Geschichte und G'schichtn
des Ortes an der Würm

1997
Buchendorfer Verlag

Die Deutsche Bibliothek – CIP-Einheitsaufnahme

Berchtold, Ludwig: Stockdorf: Geschichte und G'schichtn
des Ortes an der Würm /
Ludwig Berchtold. – München: Buchendorfer Verl., 1997
    ISBN 3-927984-66-3

© Buchendorfer Verlag, München 1997
Alle Rechte vorbehalten

Satz und Repro: Typodata GmbH, München
Papier: Chlorfrei gebleichtes Bilderdruckpapier, Scheufelen
Druck und Bindung: Huber, Dießen
Printed in Germany

ISBN 3-927984-66-3

Inhalt

Grußwort 6
Vorwort 7
Die Anfänge. 9
Das alte Dorfleben 13
Stockdorfer Bauern. 15
Als ›Goaßbauern‹ in Haus Nummer 1¹/₃ . . . 25
Unsere Weiher 32
›Im Hoiz‹ 34
Der Bahnhof Stockdorf war nur
›Haltepunkt‹ 38
Industrie und Gewerbe. 43
    Die Sägmühlen in Grubmühl und
    Stockdorf. 43
    Das Fickhaus. 51
    Von der Spundfabrik zur Webasto AG. . 54
    Der Unternehmer Walter Baier 60
    Das Stockdorfer Motorenwerk 61
    Der Dauerwellen-Maier. 62
    Die Schlosserei Körner 63
    Das Hofmann-Haus und
    der »Konsum« 64
    ›Da Harter Lugge‹ 66
Unsere Gastwirtschaften. 68
    Ein »Schlößl«, das keines war. . . . 68
    Das »Gasthaus zur Post« 68
    Die »Tellhöhe« 73
    Das »Café Stockdorf« 76
Die Kirchen 77
    Die alte St.-Vitus-Kirche 77
    Die neue Pfarrkirche St. Vitus 77
    Die evangelisch-lutherische Kirche. . . . 79
›So war's in unsera Schui‹ 81
Das Kinderheim 85
Das Kaminkehrersaierl im Kreuzlinger Forst 88
Künstlerisches Stockdorf. 91
    Sofie Menter und die »Katzenvilla« . . . 91

»Ernst ist das Leben und Haider
die Kunst« 92
»Beim Schwormstädt draußen« 94
Walter Kerschensteiner 98
Der Kunstmaler A. Paulus 98
Villen 102
    Die Leithe-Villa 102
    Das Fischer-Anwesen 102
    Die Turmvilla Engert und das
    Nachbarhaus Zumpe 103
    Die Villa von Diessl und Zinkgraf 104
    Die Koch-Villa. 112
Stockdorf, das »Jaagaheisl« und
die Weltgeschichte 113
Da Sennebong kummt 115
Unsere Kolonien 117
Ein Moorbad ohne Moor 119
Badefreuden und die Waschbrückerl 121
Da oide Engelbert und Sonstiges 124
Allerlei Wichtiges. 126
Weihnachten 128
Petri Heil – Eigentlich war es ganz einfach . . 130
Die »Gangerl« von Stockdorf 132
Der Männergesangverein. 133
Der Turnverein Stockdorf 135
Die Freiwillige Feuerwehr und »Sidol« 138
Der Katholische Frauenbund Stockdorf . . . 141
Ein Leben für die Heimat –
Der Kreisheimatpfleger Alfons Köbele . . . 143
Auch bei uns war ein bißchen Krieg 144
Schlußgedanken. 155

Literatur. 156
Danksagung. 156
Der Autor 157

Grußwort

Die Zeitgeschichte hat mitunter das Glück unmittelbarer Zeitzeugenschaft. Dieses Glück ist Stockdorf mit Herrn Ludwig Berchtold beschieden, der aus eigenem intensivem Miterleben die Geschichte und G'schichtn seines Heimatortes im Würmtal schildert. Aufregend und bemerkenswert dabei ist, wie es ihm gelingt, überwiegend die Zeit zwischen den beiden Weltkriegen in Schrift und Bild einzufangen, ja mehr noch, mit wacher Beobachtungsgabe in die Erlebniswelt der Menschen einzutauchen und sie plastisch darzustellen.

Deshalb bin ich davon überzeugt, daß Herr Ludwig Berchtold mit seiner historischen Momentaufnahme ein unvergleichliches Zeitdokument vorlegt, das in keinem Stockdorfer Haushalt fehlen darf.

So gilt mein besonderer Dank zuvörderst Herrn Ludwig Berchtold, der mit seinem Werk erstmals für uns und die nachfolgenden Generationen die jüngere Vergangenheit Stockdorfs mit viel Engagement, Ausdauer, Sachkenntnis und Humor dem Vergessen entreißt und seine Kindheit so liebevoll lebendig werden läßt. Gerade deshalb habe ich mich auch persönlich für die Verwirklichung des Buchprojektes nachdrücklich eingesetzt und danke Frau Schlumprecht, geb. Baier, für ihre Fürsprache bei der Walter und Pauline Baier-Stiftung mit Herrn Dr. Leebmann als Stiftungsvorstand, die den Druck des Buches mit einem Betrag von 12 000,– DM ermöglicht hat. Schließlich ist auch dem Verleger, Herrn Roeder, zu danken, der mit der Herausgabe dieses Buches erneut bewiesen hat, wie sehr ihm unsere Ortsgeschichte am Herzen liegt.

Allen Lesern wünsche ich bei der Lektüre ebenso vergnügliche wie nachdenkliche Stunden.

Eibehard Knolle
1. Bürgermeister

Vorwort

Die Liebe, mit der die »Stockdorfer G'schichtn« niedergeschrieben sind, zeigt dem Leser, welch machtvolles und unverbrauchtes Gefühl ›Heimat‹ für einen Menschen sein kann. Für den Berchtold Wigg, bayerisches Urgestein des Jahrgangs 1924, ist die ›Hoamat‹ zugleich Erlebtes und Gelebtes, sie ist Erinnerung, Glück und Gefühl für ihn. Sie ist etwas unauslöschlich tief Eingeprägtes, etwas Vergangenes und doch stets Gegenwärtiges, sie ist Idylle und Geborgenheit, heile Welt, nach der man sich zurücksehnt, die es so aber nicht mehr gibt. Insofern ist sie sogar Vermächtnis.

Natürlich wendet sich dieses Buch vorrangig an einen ortsansässigen Kreis von Leserinnen und Lesern, alt wie jung, oder an Zeitgenossen, die »noch einen Koffer in Stockdorf« haben. Manch Älterem werden bei der Lektüre wohlbekannte Alt-Stockdorfer Plätze, Personen, Einrichtungen und damit eigene Erinnerungen und »G'schichtn« wieder gegenwärtig, dem jüngeren Leser hingegen kann das Büchlein viel Wissenswertes und zugleich Amüsantes oder Nachdenkliches über die Vergangenheit seines Heimatortes vermitteln.

Aber man muß weiß Gott nicht Stockdorfer sein, um mit Muße und Wärme im Herzen die vielfältigen Anekdoten, Begebnisse und Eindrücke aus der Feder des Wigg auf sich wirken zu lassen – sie sind beredtes Zeugnis für die Verbundenheit eines Menschen mit dem Platz seines Werdens, Wirkens und Lebens, und sie vermögen es allemal, in jedem von uns ein oft vernachlässigtes Gefühl von ›Heimat‹ wieder bewußter werden zu lassen, in all seiner mannigfaltigen Bedeutung.

Die Schilderungen sind beileibe keine reine Erlebnisprosa, und genausowenig stellen sie eine Heimatchronik oder vergleichbares dar, vor allem aber wollen sie in keinster Weise irgendeine »Vollständigkeit« beanspruchen, sei es nun in örtlicher, personeller, institutioneller oder auch in geschichtlicher Hinsicht.

Die »G'schichtn« des Verfassers sind einfach lebendige und gefühlvolle, manchmal autobiographische Heimatliteratur, sie schöpfen ihren Reiz aus einer geglückten Mischung von Erinnerungen, Erlebnissen und Eindrücken, von der Schilderung längst vergangener und vergessener Verhältnisse und von detailgetreuen, sorgfältig recherchierten Darlegungen des alten, ursprünglichen Stockdorf.

Der Autor hat jahrelang in mühevollen und akribischen Nachforschungen viel Wissenswertes über Alt-Stockdorf zusammengetragen, manches sogar aus sehr schwer zugänglichen Quellen. Bei seiner Suche ortete er auch umfangreiches, teils verschollen geglaubtes Bildmaterial, das die Erzählungen in sehr schöner Weise untermalt.

So entsteht für den Leser gewissermaßen der Heimatort neu, in seiner Vergangenheit, teils sogar zurück bis zu seinen Ursprüngen, in Wort wie Bild – Subjektives und Objektives gehen Hand in Hand, sogar innerhalb der einzelnen »G'schichtn«, Impressionen und Sachbeschreibungen sowie Bilder vermengen sich zu einem gefühlvollen Miteinander.

Dem Alt-Stockdorfer Ludwig Berchtold ist es gelungen, genau das zu vermitteln, was ihm wichtig und wertvoll ist: Ein authentisches Zeugnis über das alte Stockdorf und ein lebendiges Gefühl dafür, was ›Heimat‹ alles sein kann. Die Stockdorfer »G'schichtn« sind eine sanfte, stille und zärtliche Liebeserklärung eines nachdenklichen Zeitgenossen an seinen Heimatort.

Ernst Blumenstingl,
ein Freund des Verfassers

Das Würmtal aus der Vogelschau von Pasing bis Starnberg, Postkarte

Die Anfänge

Gletscher, die aus dem Alpenraum vorstießen und unvorstellbar viel Schottermasse verschoben, formten die Landschaft nördlich des Starnberger Sees. Es war die Würm-Eiszeit, die vor etwa 10 000 Jahren ihr Ende fand und als Ergebnis die Würm und ihr Tal entstehen ließ. Der Name Würm, überliefert als Uurmina, geht zurück auf das indogermanische Wort uer, ur, für ›Wasser‹.

Hastig eilt der Fluß heute seinem Ziel bei Hebertshausen entgegen, wo er nach einem 35 Kilometer langen Lauf in die Amper mündet. Ein Gefälle von insgesamt 114 Metern verleiht seinem Strom Schubkraft; die beachtliche Menge von sieben Kubikmetern Wasser pro Sekunde führt die Würm mit sich.

Die Urwürm füllte früher einmal das ganze Tal aus. Durch ihre schnelle Strömung war sie in der Lage, ständig verändernd auf die Landschaft einzuwirken. In unzähligen Windungen floß sie dahin, bildete Inseln und Kiesbänke, teilte und vereinigte sich wieder. Bei Regenperioden schuf sie Mulden, und es entstanden Weiher und Tümpel. Das Hochwasser der Würm war früher nicht ungefährlich. Vor allem, wenn sich im Winter Grundeis und Eisschollen bildeten, fürchteten sich die Menschen an ihren Ufern.

Es entwickelte sich eine für Flußläufe typische Pflanzenwelt und vollendete die Schönheit dieser Landschaft. Auch die Tierwelt kam zu ihrem Recht. Vögel können hier ungestört nisten, und die strömungsarmen flachen Flutmulden bieten zahlreichen Fischarten auch im heutigen, im Laufe der Zeit verkleinerten, Flußbett gute Lebensbedingungen.

In dieser landschaftlich so reizvollen Gegend des Würmtals liegt, zehn Kilometer nördlich des Starnberger Sees, Stockdorf. Bereits in vorchristlicher Zeit lebten hier Menschen. Bis heute erhaltene Hügelgräber sind die ältesten Spuren einer Besiedelung. Im Stockdorfer Angerholz zählte man zu Anfang des vorigen Jahrhunderts 21 solcher Hügelgräber,

Hügelgrab im Angerholz

von denen man bereits 1831 zwei und 1921 ein drittes öffnete. Beim Bau der Bahnstrecke im Jahr 1854 wurden auch einige dieser Grabstätten vollkommen beseitigt. Die bei den Ausgrabungen geborgenen Bronze- und Keramikteile werden in der Prähistorischen Staatssammlung in München aufbewahrt. Wissenschaftliche Untersuchungen haben ergeben, daß die Gräber aus der Hallstattzeit zwischen 750 und 500 v. Chr. stammen.

Die Anfänge von Stockdorf liegen über 1 000 Jahre später. Bei der Gründung der beiden ältesten Orte im Würmtal, Gräfelfing und Gauting, ließen die Bajuwaren die Gegend zwischen ihnen unbesiedelt. So blieb Raum für Stockdorf, das als sogenannte Ausbausiedlung der Gemeinde Gauting entstand. Gauting selbst wurde um 530 n. Chr. gegründet und erscheint urkundlich erstmals 753 n. Chr. Von Stockdorf nimmt man an, daß es etwa 800 n. Chr. als Dorf entstand, seine älteste urkundliche Nennung findet sich jedoch erst 1253 n. Chr., also fast 500 Jahre später als Gauting. Bis ins 19. Jahrhundert trennte ein Waldstreifen die beiden Orte.

Die Bedeutung des Namens Stockdorf bringt man in Zusammenhang mit dem Ausgraben der Baumstöcke oder -wurzeln bei Rodungen, was bei überwiegendem Buchen- und Eichenbestand be-

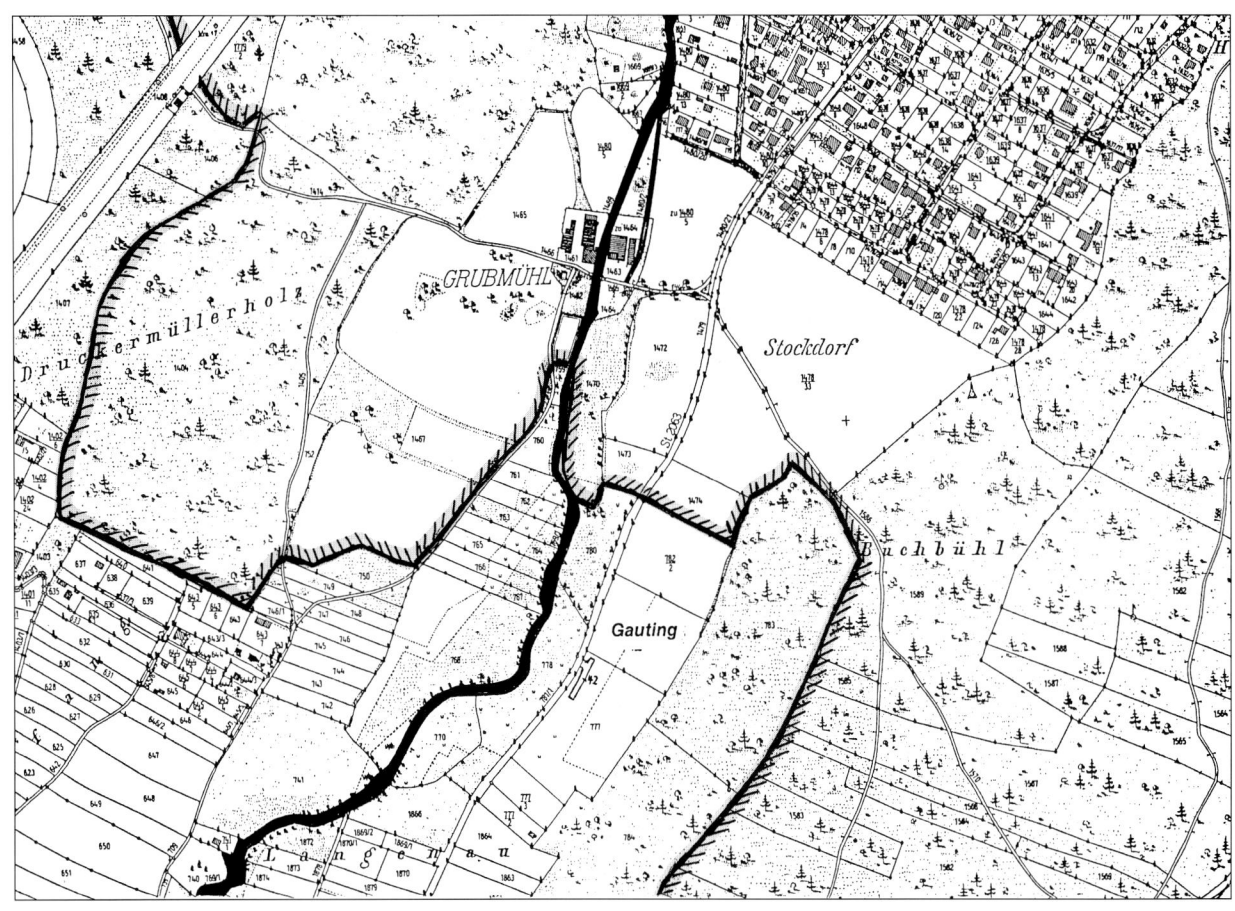

Grenzverlauf zwischen Stockdorf und Gauting, ermittelt anhand der Stockdorfer Grundstücks-Plannummern, um 1900

sonders mühevoll war. ›Stock‹ könnte dabei sowohl einen stehengebliebenen Baumstumpf oder auch die Grenzlage zwischen der Gemarkung Gauting und Krailling bezeichnet haben. Als Ortsname ist Stockdorf einmalig in ganz Bayern.

Stockdorf besaß in früher Zeit eine selbständige Verwaltung und wurde wahrscheinlich erst im Zuge der Montgelas'schen Verwaltungs- und Verfassungsreform im Jahr 1808 der Gemeinde Gauting zugeordnet.

Die Ortsgrenzen sind schwer zu ziehen. Während es nach Krailling hin eine Burgfriedensgrenze gibt, die durch Burgfriedenstafeln gekennzeichnet ist, sucht man in Richtung Gauting vergeblich nach einer Markierung. Großzügig betrachtet, bildete früher der Waldstreifen, der im Bereich der Länge-

nau verlief, eine natürliche Grenze. Genauer läßt sich diese nur durch Flurnummern-Verzeichnisse ermitteln, in denen die Zugehörigkeit der einzelnen Plan-Nummern zu Gauting oder Stockdorf festgehalten ist. Diese Linie schließt die Grubmühle noch mit ein.

Das Dorf blieb über lange Zeit klein und überschaubar und bewahrte sich einen Familiencharakter. Die älteste erhaltene Einwohnerliste stammt von 1430. Danach lebten hier acht Familien mit insgesamt 40 bis 50 Personen. Hundert Jahre später waren es immer noch acht Bauernfamilien, und im Jahre 1803 zählte Stockdorf nur mehr sieben. Zunächst ließ die 1854 gebaute Eisenbahnlinie Pasing-Starnberg mit Haltestellen in Planegg und Gauting die Einwohnerzahl wachsen. Weit mehr noch beschleu-

Stockdorf von Süden, um 1926. Im Hintergrund Krailling. Dazwischen links das Stockdorfer-Feld, über der Bahnlinie das Kreuz-Feld. Beide liegen einschließlich der gut erkannbaren »Erbvilla« am Mitterweg ganz im Flurbereich von Krailling. Rechts neben der Hauptstraße ist ein Teil des Kraillinger-Feldes zu sehen.

Stockdorf von Osten, um 1955

nigte jedoch der Bau der Vorortbahn 1902 mit einem Haltepunkt auch in Stockdorf die Besiedelung. So hatte der Ort im Jahr 1903 mit 29 Gebäuden bereits 238 Einwohner, und 1917 zählte man 117 Häuser mit 750 Einwohnern.

Der Dorfkern lag ursprünglich im Norden an der Grenze zu Krailling, nahe einer Furt durch die Würm. Diese Furt befand sich wahrscheinlich dort, wo heute die einzige massive Brücke in Stockdorf den Fluß überspannt.

Die zunehmende Besiedelung wirkte sich auch auf die Landschaft und besonders auf die Würm aus. Der natürlichen Würmidylle rückte man schon im 16. Jahrhundert zu Leibe: Im Jahr 1520 erließ Herzog Wilhelm IV. eine neue Fischordnung und ordnete an, in Steinkirchen und Stockdorf zwei ›Weiher, gleich anderen seichten und kleinen Gewässern, mit Sand zu überschütten‹.

Schon seit Jahrhunderten gab es Sägewerke und Mühlen, die mit Hilfe von Wasserrädern betrieben wurden. Im letzten, aber auch noch in diesem Jahrhundert wurden viele dieser Anlagen in Industriebetriebe umgewandelt, was den Bau von Wehren und damit den Stau des Würmwassers voraussetzte. In der relativ kurzen Zeitspanne von 1841 bis 1898 entstanden im Gesamtlauf der Würm 27 solcher Wehranlagen mit Schütz, Turbineneinlauf und Überlauf für Hochwasser, drei davon allein in der Gemarkung von Stockdorf. Im Zuge dieser Baumaßnahmen wurden dem Flußbett immer engere Grenzen gesetzt: Seitenarme und Inseln verschwanden, Mulden wurden zugeschüttet, und der Würmlauf verlor viel von seinem natürlichen Reiz. Schließlich wurde das Wasser ja gebraucht; es mußte gewährleistet sein, daß stets ein ausreichender Vorrat vor den Turbinen stand. Auch sollte nirgends mehr Wasser über die Ufer treten können.

So glaubte man, die Würm gebändigt zu haben, und über weite Strecken war es nun vorbei mit ihrem schnellen Lauf. Wenn sie manchmal doch nicht so folgsam war und sich trotzig in eine ihrer alten Mulden ergoß, war das Geschrei groß: So zum Beispiel im Jahr 1965, als der Anger vor der neuen Schule volllief. Ein solches Ereignis nahm man sofort zum Anlaß, weitere Mulden auffüllen sowie bestehende Wälle erhöhen und verstärken zu können.

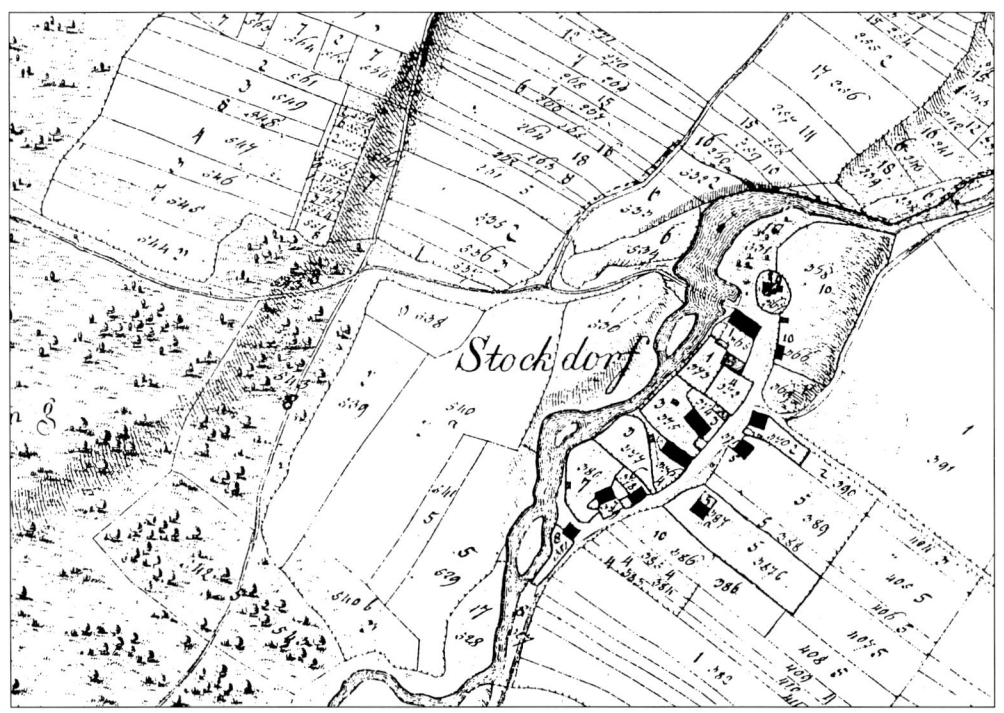

In der Karte von 1809 sind neben der Kirche von 1315 und der Grubmühle noch acht weitere Häuser. Zwischen der Kirche und dem größten Gebäude, dem Haberlhof, befand sich die Furt durch die Würm. Heute ist dort eine Brücke.

Der ehemalige Haberlhof, St. Vitus, das Hofmann-Haus, das Muggl-Haus und ganz rechts das Heuschneider-Haus, um 1890

Das alte Dorfleben

Es braucht ein wenig Phantasie, um sich heute das Leben in Stockdorf zu Beginn dieses Jahrhunderts vorzustellen. Unmittelbar um die Dorfmitte, den heutigen Baierplatz, gruppierten sich die alte St.-Vitus-Kirche, daneben das Hofmann- und das Binder-Haus, »Schwabenfranzlhäusl« genannt, sowie der ehemalige viertel Haberlhof, das Muggl-Haus, dicht dahinter das Heuschneider-Haus. Ihm schlossen sich das Dauer-Haus, das Jauß- und das Mungl-Haus mit Hausnamen »Zimmerhiasn« an; im Süden lagen der Bernauer- sowie der Prosbergerhof mit Sägewerk. Dazwischen schlängelte sich ein breiter Feldweg, von Krailling kommend, nach Gauting, ein Staubweg wie alle damaligen Straßen. Selten gab es Zäune, die die Grundstücke voneinander abgrenzten. Das Federvieh hatte freien Auslauf, und Holz, das an jeder freien Stelle herumlag, beherrschte das Bild: Ganze Berge von Daxprügeln, Scheitholz, Stangen sowie Bretter und Balken aus dem nahegelegenen Sägewerk.

Erst 1877 wurde an der Furt bei der Kirche eine eiserne Brücke gebaut. Die beiden hölzernen Stege folgten noch später: der Bennosteg kurz nach 1900 und der Schulersteg 1912. Der Bennosteg mußte 1929 erneuert werden und bekam 1957 einen neuen Platz. Er wurde 12 Meter flußaufwärts als Eisen-

Würmidylle zwischen Fickhaus- und Schulersteg, um 1910

konstruktion neu gebaut. Die Dorfbewohner nannten ihn nur den »Fickhaussteg« nach dem Privatier Jakob Fick, dessen Haus an dieser Stelle der Würm stand.

Auch die Strom- und die Wasserversorgung wurde um die Jahrhundertwende geregelt. Bis zur Verlegung von Wasserleitungen im Jahr 1899 hatten die Dorfbewohner ihr Wasser aus der Würm oder aus dem – bereits 1862 urkundlich erwähnten – Dorfbrunnen bezogen.

In dieser Welt spielte sich das Leben ab, ruhig und gemütlich. Die einzigen Verkehrsteilnehmer waren Fußgänger sowie Ochsen- und Pferdefuhrwerke. Kleinere Lasten wurden mit Handwagen gezogen oder auf Zweiradkarren geschoben. Außerdem gab es da noch die Schubkarren, die vor allem zum Transport von Kleinholz und Stallmist gebraucht wurden. Im Winter sah man hin und wieder einen Pferdeschlitten, beladen mit Holz aus dem nahegelegenen Wald. Ein Holzschneepflug sorgte, ebenfalls von Pferden gezogen, nicht nur für freie Wege, sondern auch für etwas Abwechslung im Dorfgeschehen.

Zum Glück fuhren noch keine Fahrzeuge wie Traktoren oder Autos. Es reichte ja bereits ein starker Wind, um große Staubwolken aufzuwirbeln, deren Inhalt sich auch in den Häusern ablagerte. Wenn im Sommer die Staubplage allzu groß wurde, kam als eine Art Nachbarschaftshilfe ein Sprengwagen aus Krailling. Die Kinder liefen dann zur Gaudi barfuß hinter ihm her und genossen eine Brause, die nicht nur eine wohltuende Kühlung brachte, sondern auch die abendliche Fußwaschung erleichterte.

Idyllischer Bauernhof, wahrscheinlich der Wörlfeuchthof, später der Bernauer Hof an der Distriktstraße nach Gauting, dort, wo heute das Mutter-Kind-Haus steht. Die Hutmode entsprach um 1910 dem letzten Schrei.

Stockdorfer Bauern

Das Würmtal ist im Bereich von Stockdorf recht eng, der Wald reicht im Osten wie im Westen bis an die Talhänge, so daß von jeher für die Landwirtschaft wenig Grund zur Verfügung stand. Im Jahre 1800 waren es gerade 20 Hektar Nutzfläche; im Vergleich dazu gehörten zu Gauting immerhin 284 Hektar Ackerland. Die Landwirtschaft konnte also in Stockdorf keine allzu große Rolle spielen, und die Zahl der bäuerlichen Anwesen ging auch lange Zeit nicht über zehn hinaus.

Von den Bauern ist zunächst der Raßbichler zu nennen. Ihm gehörte um die Jahrhundertwende das Anwesen Haus Nummer 1. Es handelte sich um das größere Drittel des ehemaligen Halberlhofes, der um 1830 dreigeteilt worden war. Seit 1919 gehörte dieses Drittel dem Lang, einem jüdischen Viehhändler, der es von der Familie Bayerl bewirtschaften ließ. Diese hatte zwar nur wenig Pacht zu zahlen, mußte aber mit sechs Leuten von eben dieser Landwirtschaft leben: ein wenig Getreideanbau und einige Milchkühe, Ochsen und Jungvieh im Stall. Mit zwei Mauleseln erledigte Bayerl nicht nur die Fuhrarbeiten auf dem Hof, sondern verdiente sich als Lohnfuhrwerker noch ein paar Mark dazu.

1928 ging das Anwesen für kurze Zeit in den Besitz der Gemeinde über, von der es danach der Privatier Schnitzler erwarb. Der ließ es zunächst von der Familie Pernpointner bewirtschaften, anschließend bis zum Ende des Zweiten Weltkrieges von der Familie Geltl. Bei Haus Nummer 1 konnte man noch den Eindruck gewinnen, daß dort Landwirtschaft betrieben wurde, insbesondere, wenn alljährlich die Dreschmaschine vorfuhr und mit viel Lärm und Staub das Getreide ausdrosch.

Ein weiterer Bauer war Jakob Bernauer, der 1921 verstarb. Nach ihm ist die Bernauerstraße in Stockdorf benannt. Die Hofstelle stand ursprünglich im Dorf neben der Metallschlägerei. Etwa 1926 brannte der gesamte Gebäudekomplex vollkommen nieder. Verkohlte Reste lagen noch lange Zeit auf dem Grundstück, deshalb hieß es für uns Kinder nur noch »der Brandplatz«. Darüber hatten wir ungehinderten Zugang zum Säureweiher.

Bernauer verlegte sein Anwesen nach dem Brand an den Rand des Dorfes, an die heutige Südstraße. Dort hielt er auch Rindvieh, darunter einen Stier. Eines Tages wollte die alte Frau Bernauer den Stier von der Weide an der Forstkastenstraße heimtreiben. Der widersetzte sich aber und verletzte die Bäuerin so schwer, daß sie an ihren Verwundungen starb.

Bekannt war der Bernauer durch seine Schafzucht. Den Bernauer Schafstadl zwischen Gauting und Stockdorf gibt es heute noch. Auf dem weitläufigen Gelände um ihn herum herrschte früher durch die vielen Schafe reger Betrieb. Immer wieder wurden Schafpferche versetzt, und ein Schäfer, der in einem Schäferkarren wohnte und einen Wachhund hielt, gehörte zum gewohnten Bild. Wenn es Zeit für die Schafschur war, mußten die Tiere vorher in der Würm ein Zwangsbad nehmen. Für uns Kinder bedeutete dieses Ereignis ein spannendes Schauspiel. Durch einen Pferch trieb man die Schafe in den Fluß und ans andere Ufer. Es entstand ein ziemliches Durcheinander, wenn die Hunde die Tiere in den Pferch drängten und aufpaßten, daß kein Schaf entkam. Im Wasser tauchte der Schäfer die Schafe ein paarmal unter und erreichte dadurch eine gewisse Grobreinigung.

Über den alten Bernauer erzählte man sich eine lustige Geschichte. Er soll Maikäfern die Köpfe ab-

Der Bernauer Schafstadl, um 1970

gebissen haben, weil sie ihm so gut schmeckten. Pro Stück habe er bis zu fünf Pfennige für sie bezahlt und in seinem württembergischen Dialekt gesagt: »Die schmecka grad wie Nußkera.«

Der Größe nach folgte dem Haus Nummer 1 des ehemaligen Haberlhofes der Hof der Zitzelsberger. Ursprünglich stammte diese Familie aus dem Gemeindehaus bei der Kirche St. Vitus, dem sogenannten Muggl-Haus. Dort wohnte sie schon vor 1900. Um 1906 kaufte der alte Karl Zitzelsberger das Grundstück an der Bahnstraße Nummer 85 und bebaute es mit einigen hölzernen Stallgebäuden. Einer seiner Söhne, der ebenfalls Karl hieß, übernahm etwa 1912 das Anwesen und baute es weiter aus; der Wohnteil wurde sogar gemauert. In seinen Grundzügen ist der Komplex heute noch erhalten.

Wichtiger ›ois da Kuastoi‹ war dem Zitze, wie er genannt wurde, aber ›da Roßstoi‹. Im Kuhstall standen meist vier Milchkühe und zwei Zugochsen. Zitzes ganze Leidenschaft galt seinen Kaltblütern, schweren Pferden, mit denen er sich gerne sehen ließ und angab.

Das Zitzelsberger-Haus, Bahnstraße 85, um 1935   *Das Zitzelsberger-Haus, 1993*

Er verlagerte sein Betätigungsfeld immer mehr in den Wald und wurde bald zum Spezialisten für den Transport von Langholz. Hier brauchte er auch seine Zugochsen zum Schleifen der langen Baumstämme aus dem Wald an die Abfuhrstelle. Das war eine harte und gefährliche Arbeit. Der Zitze fuhr fast täglich mit seinem meist überladenen Langholzfuhrwerk ins Dorf ein.

Durch eine Kriegsverletzung hatte er ein kürzeres Bein, und so hinkte er mit stolzgeschwellter Brust neben dem Fuhrwerk daher, den Hut verwegen auf dem Kopf plaziert. Da schaute natürlich jedermann. Er ›schnoiz'te‹ mit der ›Goaßl‹ und ließ sie auf die Pferde niedersausen, wenn sie Mühe hatten, seinen Ehrgeiz zu befriedigen.

›Da Zitze‹ war auch zuständig für den Schneepflug im Dorf. Zum Ziehen genügte bereits einer seiner schweren Belgier. Der Pflug bestand aus zwei langen schweren Brettern, die zu einem V montiert waren. Im Einsatz ließ er eine glattgedrückte, feste Schneeschicht zurück, die sich vorzüglich zum Schlittschuhlaufen eignete.

Der alte Karl Zitzelsberger, der bei seinem Sohn wohnte, war ebenfalls ein Pferdenarr. Ihm wurde diese Leidenschaft zum Verhängnis, als er sich im Jahre 1928 mit seinem Fuhrwerk auf dem Weg nach Gauting befand. In der Nähe des Fickhauses gingen ihm die Pferde durch, und er verunglückte dabei tödlich.

Eine besondere Anziehungskraft übte es auf uns Kinder aus, wenn die Pferde am Wochenende zur Roßschwemme geführt wurden. Auf die Knechte, die sich hoch zu Roß auf den Weg dorthin machten, waren wir immer neidisch. Wir liefen nebenher mit und bekamen hin und wieder Angst, wenn die Tiere ihre geballte Kraft übermütig zur Schau stellten und einige Meter im Trab zurücklegten. An der Roßschwemme kamen dann Bürsten und Schrubber zum Einsatz, und man merkte den Pferden durchaus an, welches Wohlbehagen ihnen die Prozedur bereitete. Zum Schluß stiegen die Knechte wieder auf die Pferde und schwammen mit ihnen ein Stück die Würm hinunter. Die Roßschwemme, die heute noch zu sehen ist, zog sich etwa 40 Meter lang hin.

Die Roß-schwemme mit Reißmeier-Haus links und »Schlößl« rechts, um 1910

Knecht Alois Niederreiter auf einem Fuhrwerk von Zitzelsberger. Im Hintergrund das Kolonialwarengeschäft Konrad Mungel, um 1935

Roman und Karl Zitzelsberger mit Langholz-Fuhrwerk in den dreißiger Jahren.

Die Zitzelsberger beim Aufladen von Langholz, im Wagen Lisl Zitzelsberger, um 1940

Das Anwesen von Georg Kainz, Fabrikarbeiter und Gütler in der Gautinger Straße 71. Im Hintergrund ein Teilstück des Gemeindewaldes mit der großen Buche, die jedem Stockdorfer als Ortsbezeichnung »bei da großn Buacha drom« bekannt war.

Das vor 1900 erbaute Riedelsheimer-Haus, Bahnstraße 1 1/4

Es ging ganz flach in den Fluß hinein, dann kam flußabwärts eine sehr tiefe Stelle, an der die Pferde zum Schwimmen gezwungen waren. Sie wirkten dabei etwas nervös, und es beeindruckte mich stark, wenn die Reiter bis zur Brust im Wasser verschwanden, und die Pferde mit langgestreckten Hälsen ihre Nüstern zum Atmen aus dem Wasser hielten. Von diesem nostalgischen Eindruck träume ich heute noch gelegentlich.

Bald lösten jedoch Motorfuhrwerke die Pferdegespanne ab, und ›da Zitze‹ brauchte keine Peitsche mehr – nun genügte ein Druck auf das Gaspedal seines Lastwagens. Uns Kindern erschien das neue Fuhrwerk fast wie ein unheimliches Monster. Auch mit diesem kam der Zitze täglich ins Dorf gefahren, und es war genauso oft überladen wie das alte Gespann. Wir warteten immer voller Aufregung auf ihn, um beim Ausruf »Da Zitze kummt!« schnell hinüber zur eisernen Würmbrücke zu laufen. Dort kletterten wir unter die Fahrbahn und erlebten jedesmal ein Abenteuer: Beim Überfahren der Brücke mit der schweren Last entstand unten ein Höllenlärm, und die Brücke bebte und zitterte an allen Ecken und Enden. Unser Vertrauen in die Technik war damals grenzenlos. Heute bin ich mir nicht mehr ganz sicher, ob es auch gerechtfertigt war.

Nicht ohne Einfluß auf die Situation im Dorf blieb um die Jahrhundertwende die Umwandlung der Sägewerke und Mühlen in Industriebetriebe. Zwar gab es dadurch Arbeit für die Dorfbewohner, aber sie wurde schlecht bezahlt. Wer eben konnte, suchte sich deshalb eine Nebeneinnahme. Einige hielten

Das Jauß-Haus in den zwanziger Jahren

sich Ziegen, so wie wir, andere ein paar Kühe und anderes Vieh. Die sich so ein Zubrot verdienten, bezeichnet man heute als Nebenerwerbslandwirte.

Zu diesen gehörte der Kainz, der sein Haus an der Gautinger Straße 71 hatte und von seiner Landwirtschaft vielleicht sogar kärglich hätte leben können. Doch er zog es vor, nebenbei noch einer geregelten Arbeit in der Fabrik nachzugehen. »Gütler von Stockdorf« steht auf seinem Grabstein.

Ein weiterer war der ›Wanne‹, wie er im Dorf genannt wurde; mit richtigem Namen hieß er in der Bahnstraße 1¼ Riedelsheimer. Sein Wohnhaus steht heute noch nahe der Würmbrücke. Ein Nebengebäude diente als Stall für drei Kühe und als Heustadel. Der Misthaufen fand schon keinen Platz mehr auf seinem Grund, deshalb verlegte er ihn aufs Nachbargrundstück. Für den notwendigen Fuhrbetrieb spannte er seine Kühe ein, jedoch nur relativ

Die Häuser von Harter, Dauer und Jauß und die sogenannte »Jaußkurve«. Zeichnung von Ludwig Berchtold nach einer Fotografie aus den zwanziger Jahren.

selten, deshalb übernahmen sie diese Aufgabe auch nur widerwillig. Die eine Kuh wollte schnell voran, die andere langsam, und so hatte der Wanne seine Mühe, denn auf seine Zügelbefehle reagierten die Tiere überhaupt nicht.

Bekannt war der Wanne besonders durch seine Fallenstellerei. Täglich ging er mit mehreren Fallen ins Kraillinger Feld, um Wühlmäuse zu fangen. Diese Biester sind schwer zu kriegen, und so konnte man über seine Erfolge nur staunen.

Weitere Kleinstbauern waren noch der Höpfl, der Oechsl, der Kinshofer und vor allem der Jauß, auf den ich noch näher eingehen will.

Obwohl nur drei Stück Vieh in seinem Stall standen, dachte der gelernte Schuhmacher Jauß nicht an eine Arbeit in der Fabrik. In seinem Haus hatte er immer schon Mieter, die ihm ein paar Mark einbrachten.

Das ehemalige Jauß-Anwesen Haus Nummer 2 ist ebenfalls bereits in der Urkatasterkarte Stockdorf von 1809 eingezeichnet. Es lag gegenüber vom späteren »Gasthaus zur Post« in einer sehr engen Kurve der Gautingerstraße. Sie erlangte als »Jaußkurve« eine gewisse Berühmtheit, denn in den dreißiger Jahren verging kaum ein Sonntag, an dem nicht gemeldet wurde: »Heint hods wieda kracht in da Jaußkurvn drobn.« Im Jahr 1949 wurde diese Straßenbiegung auch dem bekannten »Wunderdoktor« Bruno Gröning fast zum Verhängnis. Er blieb bei seinem Unfall unverletzt, sein Auto war jedoch nicht mehr fahrtüchtig. Bis zu seiner Weiterfahrt hielt sich Gröning im »Gasthaus zur Post« auf. Dies sprach sich schnell herum, und schon drängten eine Menge Leute in die Gaststube. Unter ihnen war auch der Limonaden-Hofmann, der Heilung von einer Krankheit suchte. Gröning gab ihm eine Stanniolkugel in die Hand, die er fest drücken mußte. Dann sollte Hoffmann zweimal um das Gasthaus laufen. Leider wurde nicht überliefert, ob diese Therapie geholfen hat.

Das Jauß-Gebäude wurde mehrmals umgebaut und vergrößert. An der vorderen Ecke zur Straßenseite hin befand sich ein Kramerladen, in dem Gottlieb Hofmann Kolonialwaren sowie Obst und Gemüse anbot. Das Geschäft wurde später vom Ehepaar Wanner übernommen.

Neben der Vermietung in seinem Haus besaß der Jauß aber noch eine ganz besondere Einnahmequelle: Seine Mastochsen waren bei den Metzgern begehrt. Wenn er einen Ochsen zu einer Schlachtreife von 20 bis 22 Zentnern hochgepäppelt hatte, stand dessen jüngerer Bruder schon im Stall.

Jauß war ein Gemütsmensch, und er wußte, daß solch ein Ochse nicht nur Futter, sondern auch Ruhe braucht, um Fett und Fleisch anzusetzen. Da kam der Bauer ganz schön in Gewissensnöte, denn er brauchte ja unbedingt ein Zugtier. Sollte er vielleicht, wie der Wanne, seine Kühe einspannen? Beim Anblick seiner kraftstrotzenden Ochsen wollte er den Kühen schließlich doch nicht die schwere Arbeit zumuten. Es mußte also wieder sein Ochse ›Buale‹, wie er jedes seiner Prachtexemplare liebevoll nannte, ins Geschirr. Meist fuhr Jauß von seinem Haus die Forstkastenstraße hinaus zu seinem Heustadel im Kraillinger Feld. Alle hundert Meter blieb der Ochse stehen und schnaufte beachtlich, insbesondere dann, wenn er seinem Endgewicht nahe war. Sein Herr hatte dafür Verständnis und gönnte ihm diese Ruhe. Nach einer angemessenen Zeit sagte er dann zu dem Tier: »Jetzt geh weida, Buale.«

Weil es außergewöhnlich und damals durchaus nicht selbstverständlich war, daß eine Frau den größten landwirtschaftlichen Betrieb des Dorfes leitete, darf dies bei der Aufzählung der Stockdorfer Bauern natürlich nicht fehlen.

Das Ehepaar Barbara und Karl Engert, die Eltern des Hans Engert, betrieben in München eine Schneiderei. Sie kamen vor der Jahrhundertwende nach Stockdorf und kauften sich einen landwirtschaftlichen Betrieb zusammen, wie er ihren Vorstellungen entsprach. Während der Mann sich in München weiter um die Schneiderei kümmerte, führte Frau Engert die neu erworbenen Liegenschaften in Stockdorf. Sie muß eine außergewöhnlich tüchtige Frau gewesen sein. Aus zwei seit langer Zeit bestehenden Bauernanwesen entstand ein Bauernhof von beachtlicher Größe. Das eine Anwesen war der »Brandlhof« auf dem Grund des heutigen »Mutter-Kind-Hauses«. 1908 wurde er abgebrochen. Das andere, der »Wörlfeuchthof«, lag schräg gegenüber. Es brannte unter seinen späteren Pächtern Rosa und Jakob Bernauer etwa 1921 ab. Zu diesen beiden Anwesen kauften die Engerts noch das sogenannte Schlößl, Gautinger Straße 14, und das kleine Haus gegenüber, Nr. 11, das lange von Reißmeiers bewohnt wurde.

Die Neubäuerin Frau Engert war nun voll beschäftigt, immerhin mußte sie 96 Tagwerk Wiesen und Felder im Kasten- und Grubmühl-Feld, sowie acht Tagwerk Wald bearbeiten. Im Stall standen 30 Kühe und vier Pferde.

Die vier Pferde, die übrigens pflastermüde Trambahnpferde aus München gewesen sein sollen, brauchte sie nicht nur für die schwere Feldarbeit, sondern auch für den täglichen Transport der Milch zum Markt nach München.

Ihr Sohn Hans Engert wollte um die Jahrhundertwende diesen landwirtschaftlichen Betrieb nicht übernehmen. Er baute sich 1905 die Turmvilla in Stockdorf, Bergstraße 28, heute Zumpestraße 2, und ging lieber im Justizpalast in München seinem Beruf als Justizsekretär nach.

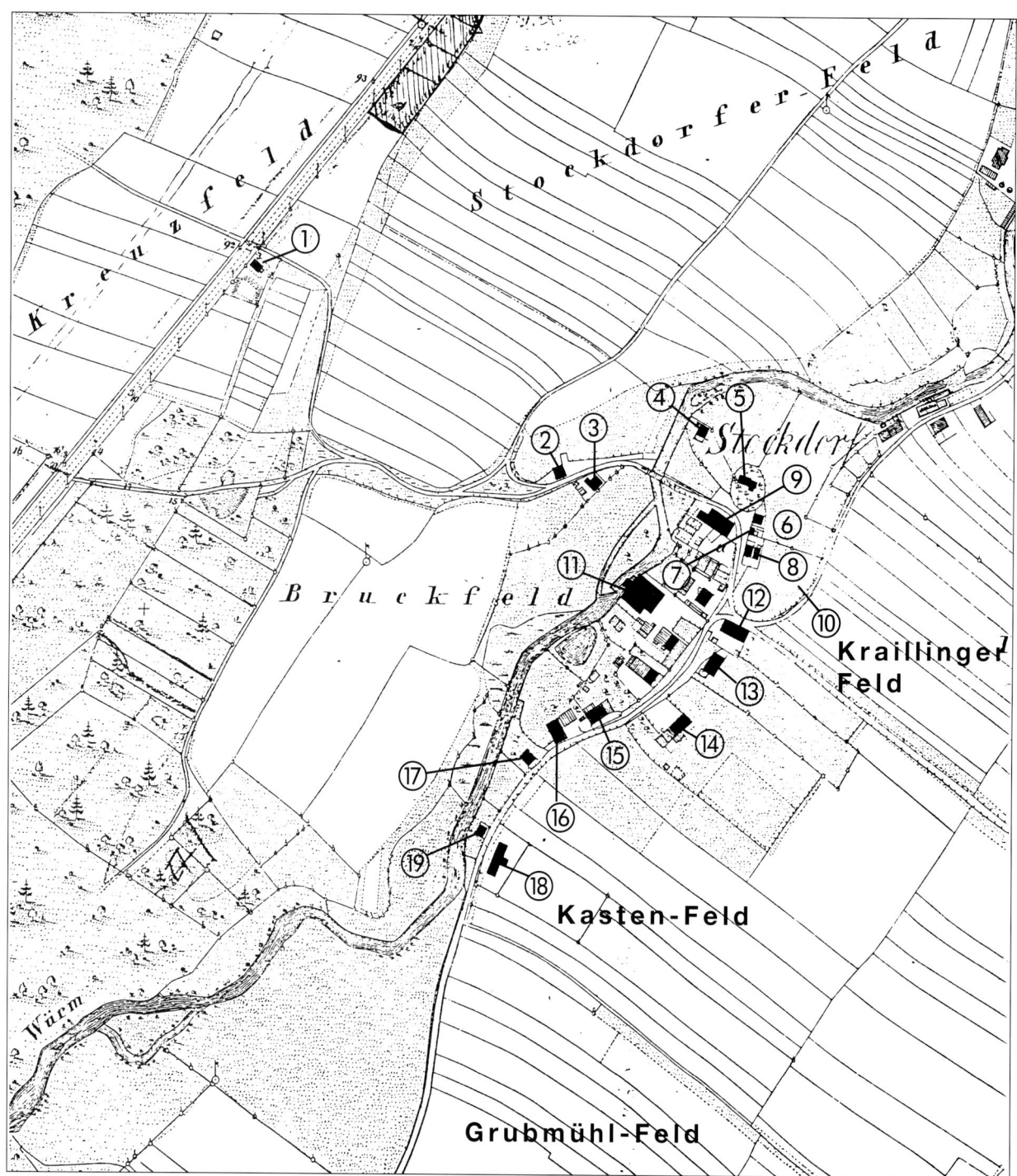

1 Bahnwärter Haus 2 Ippisch-Henghuber Haus 3 Mesner-Riedelsheimer Haus 4 Nuscheler Haus 5 St. Vitus
6 Hofmann Haus 7 Binder-»Schwabenfranzl«-Häusl 8 Muggl-Gemeinde Haus 9 Haberlhof 10 Heuschneider Haus
11 Metallhammerwerk 12 Andrä-Jauß Haus 13 Mungl Haus beim Zimmerhiasn 14 Brandlhof 15 Wörlfeuchthof – Bernauer Haus 16 Fickhaus 17 Gemeinde-Armen oder Hirten Haus 18 »Schlößl« – nur so genannt 19 Reißmeier Haus

Der ehemalige Haberlhof, um 1902

Als ›Goaßbauern‹ in Haus Nummer 1¹/₃

Niemand kennt den Grund, warum der älteste Hof im Dorf, der 1640 erbaute Haberlhof, etwa im Jahre 1830 dreigeteilt wurde. Der Heimatforscher Wolfgang Krämer spricht sogar von einer »Zertrümmerung«. Genau betrachtet trifft dies den Nagel auf den Kopf, denn nicht nur die Gebäude, sondern auch der Hofraum und die dazugehörigen Wiesen und Felder wurden so unvernünftig aufgeteilt, daß für keinen der Gütler mehr eine rentable Landwirtschaft möglich war.

Es entstanden damals die Häuser mit den Nummern 1, 1¹/₃ und 1¹/₂. Haus Nummer 1 schnitt bei der Teilung am besten ab, denn zu ihm gehörten noch so viele Wiesen und Felder, daß sich die Haltung von acht bis zehn Stück Vieh und etwas Getreideanbau lohnten. Ein Meßblatt vom 4. Juli 1924 zeigt im wesentlichen noch die Aufteilung der Gebäude und des Hofraumes, die der ehemalige Haberlhof im Jahre 1830 vorwies.

Berichten will ich vom Haus Nummer 1¹/₃. Die frühere Eigentümerin hieß Katharina Hohnadl. Meine Großmutter war ihre Nichte. Sie wurde in diesem Haus am 14. März 1864 geboren und wuchs dort auf. Sie erbte das Gütel. Der Name Berchtold kam erst durch meinen Großvater 1885 auf das Anwesen.

Mein Vater war das fünfte von acht Kindern und wurde am 6. Januar 1896 in diesem Haus geboren. Er erbte 1935 ein Drittel des Hauses Nummer 1¹/₃. Ich erblickte ebenfalls in diesem Haus das Licht der Welt, bin das zweite von fünf Kindern und erbte 1962 ein Fünftel von diesem Drittel. Für das Gütel Haus Nummer 1¹/₃ traten schlußendlich insgesamt elf Leute ein unseliges Erbe an. Im Jahr 1973 wurde der Hof abgerissen.

Nun muß ich aber wieder zurückblenden in die Zeit zwischen dem Ersten und dem Zweiten Weltkrieg. Die Dreiteilung von 1830 wurde so unvernünftig vorgenommen, daß ein friedliches Miteinander nicht möglich war. Allein der Hofraum wurde in zehn kleine Teilflächen und eine größere, gemeinsam genutzte Fläche zerrissen. Über letztere konnten insgesamt fünf Eigentümer verfügen. Darüber hinaus hatte jeder bei jedem ein Durchgangsrecht. Dies führte dazu, daß wir in Haus Nummer 1 1/3 noch in den dreißiger Jahren dulden mußten, daß der Bauer von Haus Nummer 1 täglich zweimal seinen Mist von zehn Kühen vorbei an unseren Wohnstubenfenstern auf den Misthaufen vor unserer Haustüre karrte. Auch die Bierholer von der Schlosserei nebenan gingen täglich einige Male durch unseren Hof und damit direkt an unserer Wohnung vorbei.

Der Haberlhof war im Stil eines oberdeutschen Einhauses gebaut, hintereinander folgten Wohnteil und Stall, beide gemauert, und die Scheune aus Holz. Die Gebäude hatten kein Fundament und waren ohne Feuchtigkeitsisolierung direkt auf den Boden gesetzt. Das Mauerwerk bestand jeweils aus einer Lage altbayerischer Ziegelsteine im Format 7 × 16 × 33 Zentimeter und einer Lage großer Feldsteine. Gemauert war alles mit Mörtel aus Sand und heißem Kalk. Wir konnten eine Giebel- und Haushälfte in ihrer vollen Länge unser eigen nennen und genossen deren herrliche Südlage.

Etwa in der Mitte des Gebäudes war der Eingang, der in einen schmalen Gang führte. Gleich links ging eine Tür in den Stall und rechts eine in die erste Wohnstube mit rund 25 Quadratmetern Wohnfläche. Eine Steiltreppe führte in das Obergeschoß, und, von einem kurzen Absatz unterbrochen, weiter durch eine Falltüre in den Speicher. Vom Zwischenabsatz ging es nach links in den ›Heiboon‹, die ›Ploh‹, wie wir sie nannten, und rechts in die obere Wohnstube, die mit der gleichen Wohnfläche genau über der unteren lag.

Bei alten Bauernhäusern war es früher oft üblich, daß man von der unteren Stube über eine Holztreppe durch eine Falltüre direkt in die obere Stube gelangen konnte, so auch bei uns. Damit die Durchstiegsöffnung groß genug war, hatte man einen sogenannten Balkenwechsel eingesetzt, der dem abgesägten Querbalken Halt bot. Diese Treppenverbindung bestand bei uns noch bis etwa 1920, als in diesem Haus nur eine Familie wohnte. Ab 1935 teilten sich nun zwei Familien die Wohnfläche von 50 Quadratmetern. Meine Tante zog mit ihrer fünfköpfigen Familie unten ein, und wir bekamen mit sieben Personen den Raum oben.

Beide Stuben waren mit zwei Metern Höhe sehr niedrig und hatten eine sichtbare Balkendecke, die dem Ganzen aber eine gewisse Gemütlichkeit verlieh. Auf den Balken waren etwa 35 Millimeter dicke Holzbohlen verlegt, die oben die Decke und unten den Fußboden bildeten. Die Balken hatten einen Abstand von einem Meter, und mit einer freitragenden Länge von über fünf Metern waren sie eigentlich zu schwach, so daß alles bedenklich schwankte.

Den Heuboden konnte man auch von außen durch eine Dachgaube erreichen. Im darunterliegenden Stall befand sich die einzige Wasserstelle für das ganze Haus und ein Plumpsklo.

Es war sehr eng in unserer Wohnstube, denn zwangsläufig spielte sich alles in diesem Raum ab, der als einziger heizbar war. Wir hatten Glück, denn es stellte sich heraus, daß oben zu wohnen einen großen Vorteil hatte. Nach unten wie nach oben trennten uns ja lediglich die dünnen Holzbohlen, die durch die Jahrzehnte schwer gelitten hatten und an einigen Stellen ansehnliche Klumpsen, also Risse, aufwiesen. Wir hörten nicht nur alles, was unten gesprochen wurde, wir konnten auch durch die Ritzen schauen. Und das Getrampel von sieben Leuten mußten die unten auch über sich ergehen lassen.

Es gab nur einen Kamin im Haus, und so war der Platz für die Feuerstellen unten wie oben vorbestimmt. Unser Herd mußte deshalb genau an der Stelle aufgestellt werden, an der früher eine Falltür gewesen war, also dort, wo wir uns am meisten aufhielten. Durch den Balkenwechsel hatte sich der Boden ohnehin schon etwas gesenkt, und das ständige Hin und Her an dieser Stelle verstärkte dies noch. Damit unser Herd einigermaßen waagerecht stand, mußten wir unter seine Vorderbeine sieben Zentimeter dicke Holzklötze legen.

Am Südfenster hatten wir unsere Sitzecke, einen Tisch, ein paar Stühle und eine Holztruhe. Im anderen Teil standen die Ehebetten, daneben noch ein

Das heutige Gebäude an der Stelle des ehemaligen Haberlhofes, 1993

Die Großmutter Berchtold mit ihren Enkeln Rosl, Hans, Ludwig und Hansl, 1929

Vor dem ehemaligen Haberlhof, um 1900

Der ehemalige Haberlhof, um 1918/19

weiteres Bett und ein ›Kanapä‹. Auch ein Kleiderschrank hatte noch Platz. Es wurde so richtig gewohnt auf diesen 25 Quadratmetern.

Wir heizten ausschließlich mit Holz. Die Wärmeisolierung war miserabel, es gab auch keine Winterfenster, und bei der Größe des Raumes und der undichten Decke wäre fast ein eigener Heizer notwendig gewesen. Deshalb rückten wir jeden Winter unseren Tisch und die Sitzgelegenheiten direkt an den Herd, denn nur so war die kalte Zeit einigermaßen zu überstehen. In der Nähe der Feuerstelle standen immer einsatzbereit eine Holzkiste, ein Eimer mit frischem Wasser und einer für das Abwasser. Die einzige Wasserstelle befand sich im Stall, und einen Ausguß gab es auch nicht. Unsere Mutter erteilte deshalb ständig die Anweisungen: »Wigg, hoi a Hoiz, Hansl, a Wasser brauch i und Fritz, trog's Wassa obi.«

Die Warmwasserversorgung geschah über das Wassergrandl im Herd, das ständig nachgefüllt werden mußte. Hauptgetränke waren bei uns Wasser, Geißmilch und vor allem Malzkaffee, dem wir noch etwas Feigenkaffee beimischten. Diese Mixtur hatte bei der Zubereitung die Eigenschaft, daß sie schnell und intensiv überkochte. Man mußte verdammt aufpassen, sonst konnten sich die unten das Kaffeekochen sparen und brauchten nur noch einen Topf aufzustellen. Hin und wieder wurde auch Wasser und anderes verschüttet oder sogar ein voller Eimer umgestoßen. Da kam unten Freude auf.

Auf dem Herd kochten wir nicht nur unser Essen, sondern auch die ganze Wäsche. Und einmal in der Woche war Badetag. Dann stellten wir vor dem Herd eine kleine Wanne auf und erwärmten das Wasser über dem Feuer.

Unser Haus war zu keiner Zeit abgeschlossen, weder bei Tag noch bei Nacht und auch nicht, wenn wir fortgingen. Wer zu uns kam, ging allein ins Haus und stand dann bereits direkt vor unserer Stubentür. Allzu viele fremde Leute besuchten uns sowieso nicht. Es gab aber einige, die bei uns ein paarmal im Jahr hereinschauten.

Da kam zum Beispiel das Krenweiberl aus der Pfalz, die neben Meerrettich auch Gewürze anbot. Bei ihr hatte man den Eindruck, daß es gar nicht so wichtig war, ob sie etwas verkaufte oder nicht. Man kannte sich schon lange, so wurde zunächst einmal geratscht, eine Tasse Kaffee getrunken, und erst dann kam das Geschäft. Das machte mich sofort hellwach, und ich beobachtete mißtrauisch, wieviel von diesem Krenzeug den Besitzer wechselte. Schließlich mußte ich ja davon mitessen, denn meine Mutter kannte in diesem Punkt keine Gnade. Aber ich konnte den Geschmack von Kren und Wirsing nun mal nicht ausstehen.

Auch an einen Schreiner kann ich mich noch erinnern. Er brachte in einem Rucksack sein Schreinerwerkzeug mit und fragte, ob es nicht etwas zu richten gäbe. Mit einem Adlerblick entdeckte er sofort die unansehnlich gewordene Platte unseres Eßtisches. Er brachte meinen Vater soweit, daß er ihn diese für eine Mark abhobeln ließ. Für uns war es eine Abwechslung: Der Fremde konnte gut erzählen, und wir hielten den Tisch, während er hobelte. Mit seiner Arbeit waren wir zufrieden, die Platte sah hinterher wirklich schöner aus.

Im Gang und in unserer Stube hatten wir elektrisches Licht, in der Stube auch eine Steckdose. Überall im Dorf gab es schon Stromzähler, nur die ältesten Häuser wurden seit 1909 pauschal abgerechnet. Wir bezahlten an Strom für zwei Lampen und ein Bügeleisen drei Mark im Monat. Die Entwicklung ging aber weiter, und bald hatten wir auch eine kleine Kochplatte, bei der man noch die glühende Spirale sehen konnte. Die Pauschale schloß dieses Gerät aber nicht ein, und so mußten wir es jedesmal verschwinden lassen, wenn es Zeit für den Stromkassierer war. Es blieb aber nicht aus, daß er die Kochplatte nicht doch eines Tages bemerkte. Er drückte zwar beide Augen zu und meldete nichts, machte aber eine Bemerkung, die meine Mutter tief erschütterte: »Von eana häd i des need denkt.« In diesem Fall erwies es sich als großer Nachteil, daß bei uns jeder frei ein und aus gehen konnte. Nach dem Motto »Vertrauen ist gut, Kontrolle ist besser« wurden bald auch in allen alten Häusern Zähler montiert, und aus war es mit der Herrlichkeit.

Zu unserem Gütel gehörte noch ein etwa fünf mal acht Meter großer Heu- und Gerätestadel, außerdem der sogenannte Stieracker im Kraillinger Feld sowie ein halbes Waldnutzungsrecht. Der Stieracker hatte eine Größe von 0,7 Tagwerk, was für eine bäuerliche Nutzung nicht mehr ausreichte. Auch Stall und Heuboden waren viel zu klein, und wir mußten uns wohl oder übel mit den »Kühen des kleinen Mannes«, den ›Goaß'n‹ anfreunden. Den Acker nutzten wir teils als Wiese und teils zum Kartoffelanbau. Als Hilfsarbeiter in der Goldschlägerei verdiente mein Vater so wenig, daß es weder hinten noch vorne reichte. Es spielte sich in dieser Zeit ein Leben mit und für Ziegen und andere Haustiere ab, unsere Eltern gingen nebenher arbeiten, und wir Kinder mußten helfen, soweit es möglich war.

Ehemaliger Haberlhof, von der eisernen Würmbrücke aus gesehen, 1972

Dieselbe Ansicht 1996

Auszug aus dem Grundsteuerkataster Gauting-Starnberg 1901. Das einzige mir bekannte Dokument für den Namen »Haberlhof«.

Kartoffelernte der Berchtolds am Waldberg im Kraillinger Feld, im Herbst 1939. Der Vater war bereits im Krieg.

Kitze-Segen im Frühjahr, um 1940

Die notwendige Arbeit zur Versorgung der Tiere unterschied sich nicht wesentlich von einer Rindviehhaltung auf einem Bauernhof; sie spielte sich lediglich in einem kleineren Rahmen ab. Wir fuhren wirklich große Mengen ›Hei‹ und ›Groamet‹ ein, und trotzdem leerte sich unser ›Heiboon‹ im Frühjahr so schnell, daß wir bereits Ende Mai wieder Grünfutter brauchten. Drei bis vier Ziegen fressen halt einiges weg. Die Wiese im Stieracker reichte nie ganz aus. Mein Vater mußte auch noch Streuwiesen im Wald und einige Gärten mähen. Zu gern wäre er ein richtiger Bauer gewesen, aber dies mußte ein Traum bleiben.

Damit die Milchleistung unserer Ziegen stimmte, bekamen sie als Zusatzfutter täglich einen Trank aus Futtermehl und gekochten Kartoffeln, mit kochendem Wasser überbrüht. Auch bei uns Menschen standen täglich Kartoffeln auf dem Speiseplan. Damit wir im Herbst zehn bis zwölf Zentner ernten konnten, mußte jedes Jahr eine ziemlich große Fläche umgegraben werden. Wir legten Bifange an, das sind erhöhte Ackerstreifen zwischen zwei Furchen. In die Furchen kam zuerst Mist, darauf plazierten wir in bestimmten Abständen die Saatkartoffeln. Hatte eine davon viele Augen, also Triebe, wurde sie aus Sparsamkeit geteilt. Nach dem Verlegen aller Saatkartoffeln wurde der Bifang versetzt, so daß der aufgeworfene Teil über den Kartoffeln lag. So konnte auch seitlich Luft eintreten; das sorgte für ein gutes Wachstum. Jedenfalls hielten wir uns an die Bauernregel »Baust an Katoffe im Mai, kummt er glei, baust'n im Aprui, kummt er wann er wui«. Im Herbst wurde trockenes Wetter abgewartet. Dann zogen wir mit Grabgabeln und Säcken in

Kartoffelernte der Familie Berchtold, im Herbst 1939 am Waldberg im Kraillinger Feld.

der Hoffnung los, daß sich unsere Mühe auch gelohnt hatte, und daß wir viele und auch große Kartoffeln vorfinden würden.

Immerhin bekamen wir von unseren Ziegen täglich drei bis vier Liter Milch, die nicht nur gesund war, sondern auch vortrefflich schmeckte. Wir konnten sie auch unbedenklich roh trinken, was zu dieser Zeit bei der Kuhmilch wegen der Tuberkulose-Gefahr nicht ratsam war.

Unser Tagesablauf war auf die Ziegen abgestimmt. Zweimal täglich mußten sie gefüttert und gemolken werden; ebenso oft stand das Ausmisten des Stalls an. Das erforderte eine richtige Arbeitsteilung. Mein Bruder Hansl und Mutter waren zuständig für das Melken, Vater für das Ausmisten und ich für den Trank und das Heufutter. Wenn die Milchleistung gut bleiben sollte, mußte jede Ziege im Herbst zum Bock. Nach einer Tragzeit von 22 Wochen war dann im Frühjahr zur Osterzeit Nachwuchs angesagt. Um diese Zeit mußte ständig aufgepaßt werden, denn man wußte nie, wann es soweit war; es konnte auch nachts passieren. Ziegen bringen in der Regel zwei Kitze zur Welt, selten auch mal drei. Doch sie machen sich schon selbst bemerkbar, wenn die Zeit des Werfens gekommen ist. Dann werden sie unruhig und meckern mehr als sonst.

Obwohl Fleisch selten auf unserem Speisezettel stand, hat mir das Kitzfleisch, für viele eine Delikatesse, nie so recht geschmeckt. Nie konnte ich verstehen, wie unser Vater es fertigbrachte, so ein niedliches Kitz abzustechen. Einmal verlangte er von mir, ihm dabei zu helfen, was ich schlichtweg verweigerte.

Unsere Weiher

Stockdorf besitzt heute nur noch zwei Weiher: den Kochweiher an der Gautinger Straße und den Weiher in Grubmühl. Bis zum Zweiten Weltkrieg gab es allerdings noch einige mehr, die für uns Kinder vor allem im Winter von Bedeutung waren. Diese Gewässer haben uns zwar immer große Freude bereitet, besonders pfleglich gingen wir aber trotzdem nicht mit ihnen um.

Da waren zunächst die ›Gruamweiher‹. Wenn mein Vater zu mir sagte: »Morg'n muast wieda amoi in Gruam fahr'n«, lud ich den Rest- und Sperrmüll, der bei uns im Hof herumlag, auf ein ›Wagl‹ und fuhr ihn hinüber in die ›Gruam‹, die nichts anderes war als ein Weiher. Es gab da eine Reihe von solchen ›Gruamweihern‹, die im Gegensatz zu anderen Weihern keinen Namen hatten. Sie befanden sich alle in der Nähe des Fickhaussteges. Diese Art der Müllentsorgung war im Dorf ganz gewöhnlich. Es dauerte zwar Jahre, aber einmal waren diese sogenannten ›Gruam‹ dann doch voll – und Stockdorf war um einige Weiher ärmer.

Allen Müll fuhren wir jedoch auch damals nicht in die ›Gruam‹. Wegen unseres Viehs hatten wir immer einen Misthaufen und auf diesen brachten wir zumindest den ›Biomüll‹, wie wir heute sagen würden. Regelmäßig kamen der Lumpensammler und der Eisendandler. Im Gegensatz zu heute bekamen wir für diesen Müll sogar noch ein paar Pfennige. Bezahlt wurde nach Gewicht. Der Lumpensammler benutzte eine Handwaage, die einen Schwebebalken mit Zeiger und Skale besaß. Auf einer Seite befand sich ein Haken und auf der anderen ein verschiebbares Gewicht. Wenn ein voller Lumpensack am Haken hing, wurde sein Gewicht an der Skale abgelesen. Das Wiegen ging immer sehr schnell vor sich, und wir kamen mit dem Schauen gar nicht mit. Das Ergebnis fiel meist zugunsten des Sammlers aus. Mit Sicherheit wäre diese Waage ein klassischer Fall für ein Eichamt von heute gewesen. Der Eisendandler verwandte eine Dezimalstandwaage. Meistens

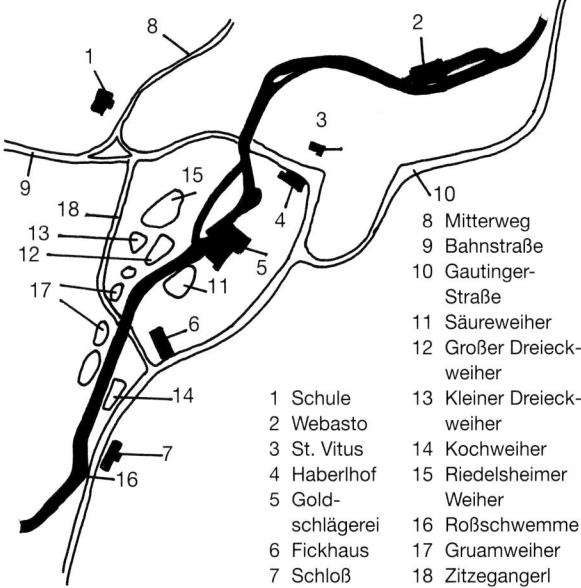

Lageplan der Stockdorfer Straßen, Weiher und Fabriken

schätzte er aber das Gewicht nur. Auf Gußeisen war er ganz scharf und legte es auch immer auf die Waage. Doch zurück zu unseren Weihern.

Ein anderes Gewässer war durch seinen Namen auch schon als eine Art von Grube gekennzeichnet: der Säureweiher im Fickhaus Grundstück. In ihn leitete die angrenzende Metallschlägerei ihre Säurereste, die von da aus in verdünnter Form in die Würm gelangten. An der Einleitungsstelle in den Weiher befand sich ein gemauerter runder Schacht, und um ihn herum fror in einem Abstand bis zu etwa zwei Metern das Wasser im Winter nie zu. Wir wußten, daß dies eine Gefahrenzone war und paßten auf. Doch die Verantwortlichen hielten an dieser Stelle nicht einmal eine Absperrung für nötig. Es hätte dafür gesorgt werden müssen, daß niemand ins Eis einbrach. Das Wasser war so tief, daß man nirgends stehen konnte.

Trotzdem war der Säureweiher bei uns für den Wintersport sehr beliebt. Die große Eisfläche machte viele Sportarten gleichzeitig möglich, und so waren stets Jung und Alt zahlreich vertreten. Durch die Nähe des Fickhauses waren auch immer Zuschauer anwesend. Sie feuerten die Eishockeyspieler an oder staunten über Kunststücke der Schlittschuhläufer. Auch unter die Eisstockschützen mischten sie sich hin und wieder, wenn diese sich nicht einigen konnten, welcher Eisstock wohl am nächsten an der ›Daubn‹ stand.

Gegenüber auf der Westseite der Würm gab es noch den großen und den kleinen Dreieckweiher. Sie waren vor allem im Sommer für uns interessant, denn sie schienen geradezu ein Paradies für Molche, Frösche, Ringelnattern und die verschiedensten Fische zu sein, die wir aufmerksam beobachteten.

Gleich in der Nähe der beiden Dreieckweiher befand sich noch der Riedelsheimer Weiher. Er lag etwas tiefer im Anger und war ziemlich seicht, also im Winter nicht so gefährlich wie andere Gewässer. Dieser Weiher eignete sich hervorragend zum ›Bugeis machen‹, was zu hochdeutsch wohl soviel heißt wie ›Biegeeis machen‹. Bei Tauwetter gingen wir auf die Eisfläche und begannen an einer Stelle, auf das Eis zu drücken. Das taten wir so lange, bis es unter uns anfing nachzugeben. Es durfte aber auf keinen Fall brechen. Diese Stelle konnten wir dann nicht mehr betreten, stattdessen nahmen wir aus einer bestimmten Entfernung Anlauf und rutschten über sie hinweg. Nicht jeder traute sich das, denn das Eis gab hier beträchtlich nach. Natürlich passierte es hin und wieder, daß wir einbrachen. Dann mußten wir schnell heim, um wieder in trockene Kleider zu kommen.

Dem Riedelsheimer Weiher gaben wir auch für Eishockeyschlachten den Vorzug. Er lag nur 150 Meter von der Schule entfernt und ließ sich durch das Zitzelsberger Gangerl schnell erreichen.

Frau Zitzelsberger am Riedelsheimer Weiher, um 1935

Letztendlich darf der Linner Weiher in Krailling in der Aufzählung nicht fehlen. Er bot Hunderten von begeisterten Eissportlern Platz, so daß hier an Wochenenden oft eine wahre Volksfeststimmung herrschte. Der Linner Weiher war so groß, daß seine Eisfläche sogar an einer Stelle zum Eisen aufgebrochen werden konnte. Hier wurde eine Eisfördermaschine eingetaucht, mit der die herausgebrochenen Eisstücke auf Fuhrwerke verfrachtet wurden. Letztere brachten das Eis zu den Kellern der umliegenden Wirtschaften und Metzgereien, die dann zu Kühlräumen umfunktioniert wurden.

Stockdorf von Nordosten, noch vor dem Ausbau der Bergstraße

›Im Hoiz‹

Der Name Stockdorf ist eng mit der Arbeit im Wald verbunden. Für die Menschen, die früher hier wohnten, war der Wald so wichtig wie die Landwirtschaft. Er garantierte ihnen im Winter eine warme Stube, denn es wurde ausschließlich mit Holz geheizt. Sägewerke gab es genug im Würmtal, so waren auch Bretter und Balken als Bauholz für Stadel, Hütten und Dachstühle reichlich und preiswert vorhanden. Dieser Zustand hielt bis nach dem Zweiten Weltkrieg an, als das Holz für mehrere Jahre größte Bedeutung erlangte, weil es keinerlei andere Heizmaterialien gab.

Wir gingen früher sonntags im Wald spazieren, und ich sehe noch meinen Vater vor mir, wie er mit einem wahren Adlerblick jeden dürren, kranken Baum erspähte, auch wenn er noch so versteckt zwischen gesunden stand. Am Montag danach wurde dieser Baum dann von uns geschlagen.

Unseren gewaltigen Holzbedarf deckten wir zudem mit Butzkia (Tannenzapfen), Daxprügeln, Scheitholz und Stockholz. Mit Werkzeug waren wir gut ausgerüstet. Butzkia, Daxprügel, auch dürre Buchenäste bereiteten keine große Mühe. Auch ein größerer Baum war relativ schnell umgesägt und zerkleinert. Hin und wieder kaufte Vater aber auch Stockholz, das Stück im Boden für eine Mark. Man sagt, Stockholz aufzuarbeiten mache dreimal warm: beim Ausgraben, beim Spalten und beim Verbrennen. Der Name Stockdorf erhielt für uns seine tiefe Berechtigung, denn das Stocken war wirklich eine schwere Arbeit.

Wichtig war, daß Vater keinen Randbaum kaufte, der jedem Sturm hatte trotzen müssen und deshalb eine Herzwurzel ausgebildet hatte. Diese Wurzel wächst stammverlängernd in den Boden und ist besonders schwer freizulegen. So stellten wir vor jeder Stockausgrabung die bange Frage: »Hod ea oane oda hod ea koane?« Hatte er eine, waren die Mühen mindestens doppelt so groß. Wir mußten also Stöcke von Bäumen kaufen, die innerhalb eines Schlages und deren Wurzeln horizontal gewachsen waren. Beim Ausgraben gingen wir systematisch vor. Zunächst wurden die seitlichen Hauptwurzeln freigelegt und alle bis auf eine nah am Stock abgeschnitten. Die verbleibende Wurzel diente als Hebelarm, unter den nun der Tauchprügel geschoben wurde, um sie etwas zu lupfen. Zusätzlich setzten wir eine Winde an und hoben so den Stock aus dem Boden. Er wurde von Erde gesäubert und auf die Schnittstelle gelegt, mit Eisen- und Holzkeilen gespalten und zu Hause auf Brennholzlänge geschnitten.

Eine große Rolle spielte für unseren Brennholzbedarf auch das Astholz, insbesondere das von Fichten. Es machte einen großen Unterschied, ob wir einfach ins Holz fuhren und dürre Prügel sammelten, oder ob wir Astholz von grünen Bäumen aufarbeiten mußten, die von Waldarbeitern als Nutzholz in größerer Menge geschlagen worden waren. Diese Arbeit fiel immer im Winter an, einer Zeit, in der die Bäume am wenigsten Saft besaßen. Das Astholz wurde mit einem Daxkrai ausgeputzt, also von den Daxen (Zweigen) befreit und in der ganzen Länge heimgefahren. Den Wagen beluden wir von hinten nach vorne, mit den kürzeren Ästen beginnend. Auf diese Weise brachten wir eine große Menge auf der Ladefläche unter. Vor allem bei Schnee konnte diese Tätigkeit recht unangenehm werden.

Von der Bahnstraße im Vordergrund zweigt nach unten die Waldstraße und nach oben die Bergstraße, heute Zumpestraße, ab. Letztere verläuft in einem Bogen den Hang hinauf zwischen der Turmvilla Engert Nr. 28 und dem Zumpehaus Nr. 86 hindurch auf die Gleisanlagen zu. Am Bahnwärterhaus biegt sie im rechten Winkel ab und führt der Bahn entlang bis an die Kraillinger Grenze zum Haus von Fritz Zinckgraf. Links der Bergstraße ist noch die Villa von Otto Baier und von Franz Xaver Maier (Dauerwellenmaier) und rechts der Bergstraße die Häuser von Hans Dauer Bahnstraße 55, Dr. Huber Nr. 61, Jakob Allendörfer Nr. 89 und Paula Hintermayer Nr. 67, alle Bergstraße. Über den Gleisanlagen das Prinzessin Ludwig Kinderheim.

Abbildung rechts oben: Blick vom Waldberg am Kraillinger Feld über Stockdorf hinweg zum Würmtalwesthang.

Abbildung rechts unten: Foto 1920 vom Bahnberg aus aufgenommen. Die Häuser von links nach rechts: Michael Süßer, Schneidermeister, Bahnstraße 81 – Walter Kerschensteiner, Bahnstraße 77 – Felix Schwormstädt, Bahnstraße 25 – Frau Reuter, Bahnstr. 24 – Motorenwerke Wiegand, Bahnstraße 35 – Johann Wackerle, Elektromonteur, Bennostraße 91.

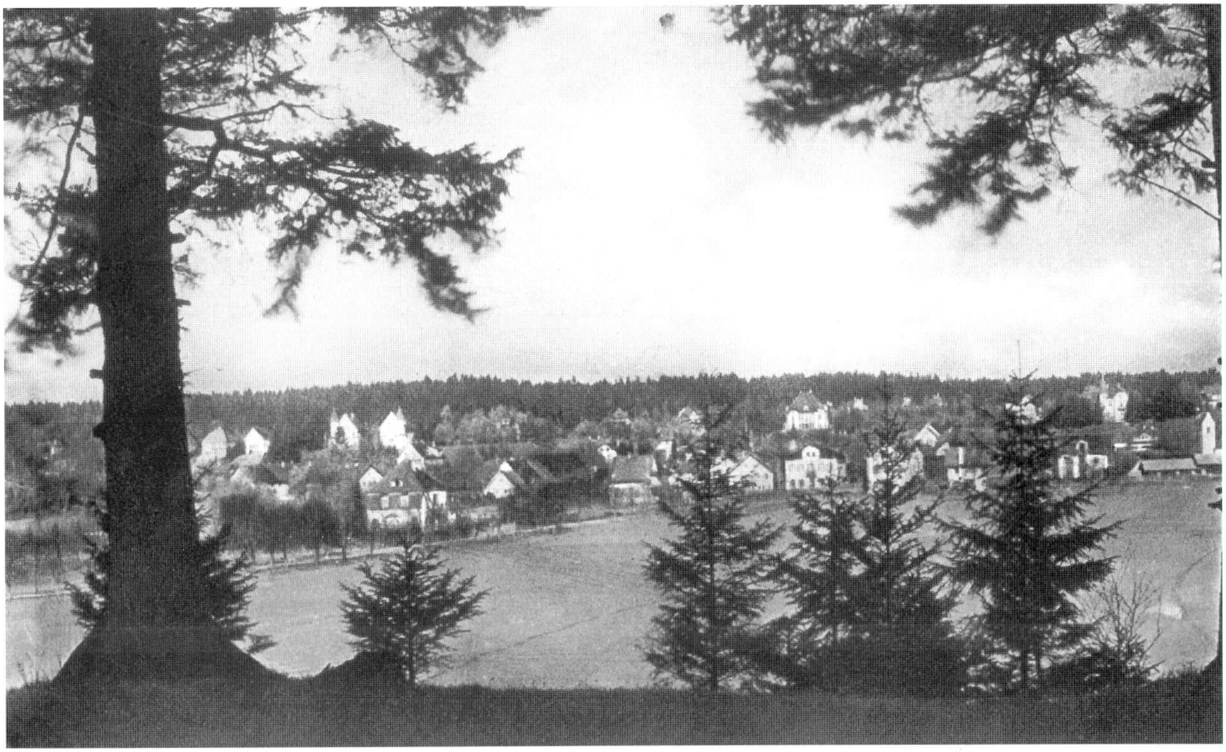

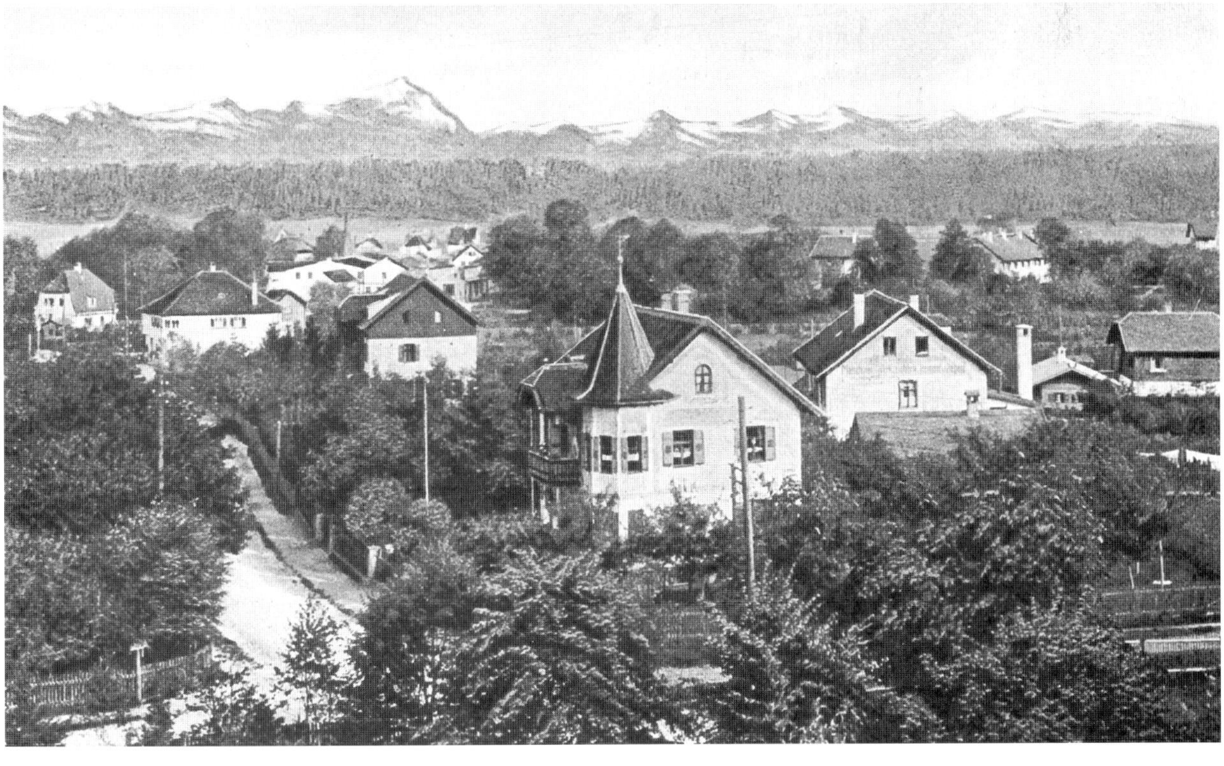

Der Bahnhof Stockdorf war nur ›Haltepunkt‹

König Max II. von Bayern erteilte am 7. August 1849 die Genehmigung zum Bau der Eisenbahnlinie von München nach Starnberg mit Haltestellen in Pasing, Planegg und Gauting. Der Erbauer der Strecke, Baurat Johann Ulrich Himbsel, wählte für den Verlauf der Bahnlinie geschickt eine Trasse, die entlang der Oberkante des westlichen Würmtalhanges verlief. Hier erwartete er den geringsten Widerstand von Anliegern, denn die Strecke führt fast ausschließlich durch Waldgebiet. Doch ausgerechnet am Endpunkt gab es Schwierigkeiten mit den Grundstückseigentümern, und der benötigte Grund konnte nicht erworben werden. So blieb als einziger Ausweg für den Bau des Starnberger Bahnhofes nur die Schaffung eines neuen Grundstückes. Mit der Aufschüttung eines Seestückes wurde das Problem gelöst.

Bereits am 28. November 1854 schnaubte in Anwesenheit des Königs der erste Zug von München nach Starnberg.

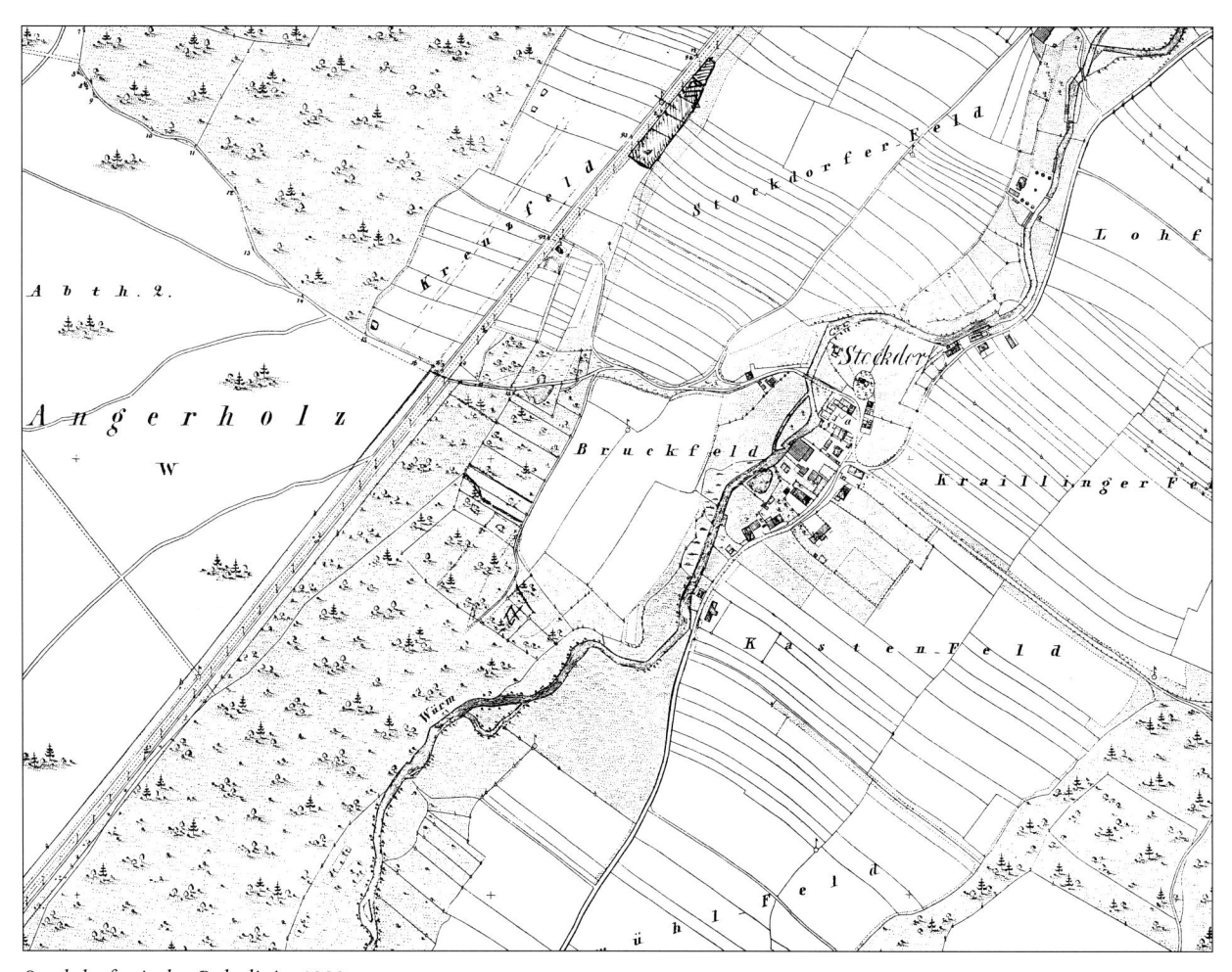

Stockdorf mit der Bahnlinie, 1883

Stockdorf von Norden auf einer Postkarte, um 1920

Der Wald im Westen von Stockdorf reichte im vorigen Jahrhundert bis an die Kante des Würmtalhanges, im Südbereich sogar bis ins Tal an die Würm hinunter. Es führten nur wenige kleine Wege in ihn hinein, und Ansiedlungen gab es dort zu dieser Zeit noch keine. Durch den Bau der Eisenbahnlinie Pasing–Starnberg wurde das Dorf 1854 vom Kreuzlinger-Forst sowie dem Angerholz, so heißt dieser Wald, vor allem aber von den ausgedehnten, noch unverteilten Gemeindebesitzungen total abgeschnitten. Das traf besonders die »Waldnutzungsberechtigten von Stockdorf«. Diese »Holzrechtler« oder auch nur »Rechtler«, wie man sie im Dorf nannte, gibt es auch heute noch.

Insgesamt bestanden damals zehn Nutzungsrechte an diesen Gemeindebesitzungen, die als ganze oder halbe Rechte für die ältesten Anwesen im Grundbuch eingetragen sind. So stand z.B. im Grundbuch für das Anwesen Haus Nr. 7 ein ganzes, und für das Anwesen Haus Nr. 1 $^1/_3$ ein halbes Recht.

Diese noch unverteilten gemeindeeigenen Waldbesitzungen befinden sich je zur Hälfte oberhalb des Würmtalosthanges vom heutigen Forsthaus Kasten bis hinauf zum Bernauer Stadel und oberhalb des Würmtalwesthanges von der heutigen Engertstraße bis an die Kraillinger Grenze.

Um den unbedingt notwendigen Zugang zur Waldseite an der Bahn zu ermöglichen, legte man an der – erst 1949 so genannten – Zumpestraße einen Bahnübergang an. Diese Straße zweigt von der Bergstraße, 1912 so benannt, ab und führt bergauf. Nach einer Linkskurve stieß sie geradewegs auf die Gleisanlage. An dieser Stelle baute man 1854 auch das bis heute erhaltene Bahnwärterhaus. Hier wohnte der Bahnwärter, der den Fuhrwerks- und Fußgängerverkehr zu regeln hatte. Der Bahnübergang war noch nicht durch Schranken gesichert. Vielmehr hielt der Bahnwärter vor Durchfahrt eines jeden Zuges mittels einer roten Fahne den Straßenverkehr an.

Nachdem die erste deutsche Eisenbahn im Jahr 1835 von Nürnberg nach Fürth gedampft war, erhielt nun Stockdorf nur 19 Jahre später Anschluß an die große, weite Welt. Allerdings gab es dabei einen kleinen Schönheitsfehler: Die zweieinhalb Kilometer bis zum Bahnhof Planegg mußten auf Schusters Rappen zurückgelegt werden. Die Menschen in den Zwischenorten Lochham, Gräfelfing, Krailling und Stockdorf mußten sich mit einer eigenen Station noch einige Zeit gedulden, denn die zunächst eingleisige, ab 1908 zweigleisige Vorortbahn entstand in Etappen.

Die Bahnstrecke war erst nach dem Tod von Baurat Ulrich Himbsel am 27. April 1860 in den Besitz des Königreiches Bayern übergegangen, denn Himbsel baute die Bahn bekanntlich zunächst auf eigene Rechnung. Da gab es natürlich bald auch königliche Verordnungen. Eine davon besagte, daß zwischen zwei Bahnstationen eine Strecke von mindestens vier Kilometern Länge liegen sollte. Dies bedeutete, daß die Haltestelle für Stockdorf einige hundert Meter weiter in Richtung Gauting hätte entstehen müssen, als sie sich heute befindet. Das störte Franz Diessl, der sich Ende der 1890er Jahre eine Villa an der Zumpestraße gebaut hatte. Er litt an Asthma und wünschte sich daher einen kürzeren Weg von seinem Haus zur Bahnhaltestelle. Diessl bat nun seinen einflußreichen Freund Graf Schack (Schackgalerie) darum, sich bei der zuständigen Stelle dafür zu verwenden, daß der Standort der Station weiter nach Norden verlegt würde. Beziehung ist eben alles – und so entstand die Haltestelle an der von Diessl gewünschten Stelle, eine Tatsache, die die bauliche Entwicklung von Stockdorf entscheidend beeinflußt hat.

Beim Bau der Station mußte eine Unterführung mit Straßenausbau angelegt werden, was erhebliche Erdbewegungen voraussetzte. Zu diesen Arbeiten wurden auch Gastarbeiter aus dem Balkan angeheuert. Von einem Maschineneinsatz konnte man damals noch nicht sprechen, lediglich ›a Roiwaagl-

Als ältestes Gebäude in Stockdorf steht das Bahnwärterhäuschen an der Zumpestraße unter Denkmalschutz, 1995

Das Bahnwärterhäuschen zwischen der Villa des Dauerwellen-Maier, links und der Turmvilla Engert, rechts, Postkartenausschnitt, um 1920

bahn‹ erleichterte die Arbeit. Ansonsten waren Schaufel und Pickel gefragt. Mit dem Entstehen der Unterführung verschwand der Bahnübergang an der Zumpestraße wieder. So trat für die Stockdorfer ab dem 1. Oktober 1902 eine Verbesserung ein, als sie zum ersten Mal an einer eigenen Haltestelle in den Zug steigen konnten.

Nach dem Erbauer der Bahnstrecke Pasing-Starnberg wurde der Himbselweg in Stockdorf benannt. Von ihm zweigt der Wellweg ab, der an den ersten »Oberweichenwärter« am Haltepunkt Stockdorf, Johann Well, erinnert. Gemeinsam mit seiner Frau Kreszenz war Well von 1902 bis 1930 für den ordnungsgemäßen Bahnbetrieb zuständig. Es mußten

Der Kiosk an der Bahnhaltestelle, um 1930 erbaut, Ende der siebziger Jahre abgerissen. Er war Eigentum der Bahn und lange an den Binder Ferdl verpachtet.

ein Fahrkartenschalter, eine Bahnsteigsperre und eine Expreßgutabfertigung bedient werden.

Neben dem Schalterdienst war Johann Well vor allem als Streckengeher tätig. Ausgerüstet mit einem langen Sechskantschlüssel, passend für die Verschraubungen der Gleise, ging er regelmäßig auf den Holzschwellen von Stockdorf nach Starnberg, fuhr mit dem Zug zurück nach Pasing und marschierte von dort wieder auf den Schwellen nach Stockdorf. Lockere Schrauben wurden sofort nachgezogen, größere Schäden gemeldet.

Kreszenz Well tat überwiegend am Fahrkartenschalter und an der Bahnsteigsperre Dienst. Die Wells erlebten noch die Dampflokomotiven, bis diese 1924 von den elektrischen Triebwagenzügen abgelöst wurden. Gerade 65jährig verstarb Johann Well im Jahr 1930. Bis dahin hatte das Ehepaar gemeinsam im Bahnwärterhäusl am Zumpeweg gewohnt. Die Oberweichenwärterswitwe Kreszenz Well lebte noch 21 Jahre im ehemaligen Gemeindehaus in der Gautinger Straße Nr. 153, heute Mutter-Kind-Haus Nr. 8.

Ab 1930 begann am Stockdorfer Haltepunkt die Ära Josef Daierl.

Auch er wohnte im Bahnwärterhäusl und zählte zu den gewissenhaftesten Bahnangestellten weit und breit. Von der Arbeit des Streckengehens befreit, da es dafür nun eine eigene Planstelle gab, konnte er sich ganz dem Schalterdienst hingeben.

Die Bahnhaltestelle, um 1920

Mit seinem Adlerblick lehrte er jeden Schwarzfahrer das Fürchten.

Die Bahnsteigsperre bestand aus einer halbhohen Holztür, die eine Doppelfunktion hatte: Gewöhnlich verhinderte sie den freien Zugang zu den Gleisen; wurde sie aber geöffnet, riegelte sie den Schalterraum ab. Der Durchgang wurde grundsätzlich nur bei Ankunft und Abfahrt eines Zuges freigegeben. Dann lehnte Daierl, klein wie er war, auf der Tür, einen Bleistift hinters Ohr geklemmt, die Lochzange einsatzbereit in der Hand und wartete auf die Fahrgäste. Jeden musterte er, und ihm entging nichts. Brauchte ein Fahrgast noch ein Billet, wurde der Bahnsteig sofort abgesperrt. Wir nannten ihn nur den ›Billettenzwicker‹.

Die Waggons der elektrischen Triebwagenzüge besaßen eine Plattform hinten und eine vorne, auf denen jeweils etwa acht Personen stehen konnten. Eiserne Klappgitter sicherten die Standflächen ab. Unter freiem Himmel durch die Natur zu fahren, war schon ein besonderes Vergnügen, erst recht bei schönem Wetter. Wir lehnten gemütlich auf den Klappgittern, ließen uns den Fahrtwind ins Gesicht blasen und erlebten ›Zugfahren pur‹.

Zu den Plattformen führten zwei Trittbretter, die außerhalb der Klappgitter angebracht waren. Sie luden zum Aufspringen geradezu ein, denn wenn man das erste Trittbrett erreicht hatte, fand man an den Gittern sicheren Halt. Da die Züge relativ langsam anfuhren, war das Aufspringen auch nach zehn Metern noch möglich. Je schneller der Zug bereits fuhr, desto größer war für uns die Herausforderung.

Zu den Olympischen Spielen im Jahre 1972 wurde auch das S-Bahn-Netz um München ausgebaut, wobei man den Haltepunkt in Stockdorf völlig neu gestaltete. Die Bahnsteige wurden erhöht, was das Einsteigen in die Züge wesentlich erleichterte. Auch das Gebäude erneuerte man, anstelle eines Fahrkartenschalters bekam die Haltestelle einen Fahrkartenautomaten, und die Bahnsteigsperre entfiel ganz. So kann Stockdorf bis heute keinen richtigen Bahnhof vorweisen.

Industrie und Gewerbe

Die Sägmühlen in Grubmühl und in Stockdorf

Die Einöde ›Mühle in der Grub‹ oder ›Grubmühle‹, wie sie heute genannt wird, erscheint urkundlich erstmals um das Jahr 1400. Die Mühle steht aber nicht in einer Grube; dies ist vielmehr die Flurbezeichnung, ähnlich wie das Umland zum Teil ›Schafgrube‹ hieß. Ursprünglich gehörte die Grubmühle zur Hofmark Königswiesen. Nachdem die Gebäude derart baufällig geworden waren, daß sie abgerissen werden mußten, gaben die Behörden am 18. Juli 1807 die Erlaubnis für einen Mühlen-Neubau. Dieses neue Anwesen Grubmühl bestand im Jahr 1842 aus einem Wohnhaus mit Mühlgebäuden, einer Stampfmühle oder einem Ölschlag, einer Branntweinbrennerei sowie Vieh- und Pferdeställen mit Wagenremise. Dazu gehörten außerdem sieben Tagwerk Garten, 55 Tagwerk Äcker, 13 Tagwerk Wiesen sowie 80 Tagwerk Wald (drei Tagwerk entsprechen etwa einem Hektar).

Im Jahr 1877 wurde eine Kunstmühle eingerichtet. Die Eigentümer nahmen fortan das Recht in Anspruch, selbst Strom zu erzeugen. So verfügte man in der Einöde Grubmühl viel früher über Elektrizität als in Stockdorf, wo auch 1921 noch nicht alle Haushalte mit Strom versorgt waren.

Kommerzienrat Leo Haenle erwarb 1883 das gesamte Anwesen und baute die Mühle in ein Bronzestampfwerk um. Die Landwirtschaft wurde eingestellt, und die umliegenden Felder und Wiesen dienten nun als Schafweiden. Dazu gehörte auch der Bernauer Schafstadl, der heute noch steht. Haenle, der in München bereits eine Fabrik für Gold- und Silberpapier besaß, erwarb im gleichen Jahr auch den Prosberger Hof Haus Nummer 3 in Stockdorf mit dem dazugehörigen Sägewerk und der Mühle, um hier ein Schlaghammerwerk zu errichten. Bereits im Oktober 1884 baute er die Fabrikgebäude so aus, wie sie heute noch stehen. Das Wasserrad von Mühle und Sägewerk erfüllte natürlich nicht mehr die neuen Anforderungen. Es begann ein ständiger Um- und Ausbau der Wasserkraftanlage. Am 6. Oktober 1887 bekam die Anlage ein neues Wasserrad sowie zusätzlich eine Turbine, und schon am 18. Mai 1896 wurde es notwendig, das Wasserrad zu verbreitern und die Turbine tieferzulegen. Eine wesentliche Änderung wurde noch am 5. März 1912 vorgenommen, als man das Wasserrad und die Turbine durch zwei neue Turbinen ersetzte und damit auch Strom erzeugte. Dies bedeutete eine völlige Neugestaltung der Wehranlagen. Diese und die Staudämme unterliegen auch heute noch einer ständigen behördlichen Kontrolle. Es darf weder ein Unter- noch ein Überstau eintreten, was durch einen Eichpfahl mit Eichklammern überwacht wird, und die einzelnen Wehranlagen müssen aufeinander abgestimmt sein.

Nun gab es erstmals industrielle Arbeitsplätze im Dorf, eine Arbeit, die aber sehr schlecht entlohnt wurde. Es führte dazu, daß in den Familien meist auch die Frauen hinzuverdienen mußten.

Im Dorf lebten damals nur wenige Menschen, und so konnte die Nachfrage nach Arbeitskräften nicht befriedigt werden, insbesondere fehlten Fachkräfte. Es blieb also kein anderer Weg, als von auswärts welche anzuwerben. In Bayern gab es damals schon einige Metallschlägereien, so in Zintelhammer bei Weiden in der Oberpfalz, aber auch in Nürnberg. In Zintelhammer schlug man Buntmetalle, genauso wie in Stockdorf. In Nürnberg dagegen wurde das Edelmetall Gold verarbeitet. Von dort kamen aber die meisten Schläger nach Stockdorf, was dazu führte, daß gelernte Goldschläger hier nun Buntmetalle verarbeiteten. Das bewog die Dorfbewohner dazu, das Metallhammerwerk einfach in »Goldschlägerei« umzubenennen.

Nun war es auch vorbei mit der Ruhe im Dorf. Durch die neue Wasserkraftanlage konnten über Transmissionen nicht nur alle notwendigen Maschinen, wie zum Beispiel die Krupp-Walzwerke, be-

Grubmühl, um 1900

Die Blattmetall-Werke, vorne links das Fickhaus, um 1905

Das Bild zeigt das Hauptgebäude von Grubmühl um 1900. Der Glockenturm und der Balkon sind neu. Die Aufnahme wurde von Süden aus gemacht. Der Balkon wurde später wieder entfernt.

Grubmühl 1990 von Süden aus gesehen

Beschäftigte der Metallschlägerei Stockdorf im Jahr 1926

Gießer und Glüher der Metallschlägerei, 1926

Felix Schwormstädt ist es auf diesem Bild eindrucksvoll gelungen, die Situation an den Schlaghämmern im Metallhammerwerk darzustellen. In schlecht belüfteten Räumen mit rußgeschwärzten Wänden mußten die Schläger eine unvollstellbare Lärmbelastung ertragen. Um 1910

Briefkopf der Blattmetallwerke, 1907

trieben werden, vielmehr stand jetzt auch genügend Kraft zum Betreiben der acht Schlaghämmer zur Verfügung. Die Hämmer gaben dem »Haenleschen Schlaghammerwerk« auch seinen Namen.

Im größten Raum der Fabrik standen sie, jeweils vier hintereinander angeordnet. Es waren mindestens zwei Meter lange Baumstämme als Stiele notwendig, um diese zentnerschweren Kolosse in Aktion zu versetzen. Die Schläger saßen unmittelbar davor und hielten mit Hilfe von Taschen das Blattmetall unter ständiger Veränderung der Position so lange unter die Hämmer, bis das immer wieder zwischengeglühte Blattmetall so dünn war, daß man es wegblasen konnte. Die Hämmer mußten ständig gestoppt und wieder in Gang gesetzt werden, was sich durch ihre Vielzahl wie ein Schlagkonzert anhörte. Auf jeden Fall war es ein Höllenlärm, den man je nach herrschender Windrichtung in Planegg oder Gauting hören konnte. Er galt als akustisches Wahrzeichen oder, wenn man so will, als Erkennungsmelodie für Stockdorf.

Die Schläger bekamen den höchsten Lohn in der Fabrik, fünf Pfennige mehr als die anderen Arbeiter. Es war leicht festzustellen, wer so ein Schläger war. Heute noch sehe ich den alten Hirschberger vor mir, wenn er in seiner typisch gebückten Haltung von der Arbeit zurück in seine Wohnung im Fick-Haus ging. Sprach man ihn an, hob er sofort seine Hand als zusätzliche Hörmuschel ans Ohr. Die Schläger waren alle ›dorat‹.

Amts-Blatt
des königlichen Bezirksamtes Starnberg.

Nr. 23.   Starnberg, den 30. Mai   1903.

Inhalt: Reichstagswahlen. — Stau- und Triebwerksanlage der Metallpapiergesellschaft in Stockdorf. — Maul- und Klauenseuche. — Schweinerotlauf bei dem Schweinebestande des Johann Gaab in Forstenried. — Maßregeln gegen die Hühnercholera. — Der Kleinhandel mit Garn. — Handfertigkeitsunterrichtskurs für oberbayerische Lehrer.

Bekanntmachung.

Stau- u. Triebwerksanlage der Metallpapier-Gesellschaft in Stockdorf betr.   Nr. 2041.

Mit bezirksamtlichem Beschluß vom 30. März 1897 Nr. 2106 wurde dem Fabrikbesitzer Leo Hänle in Stockdorf die wasser- und gewerbepolizeil. Genehmigung zur Abänderung der Stau- und Triebwerksanlage der Bronze- u. Blattmetallfabrik in Stockdorf erteilt. Inzwischen ist die Triebwerksanlage an die Metallpapier-, Bronzefarben- und Blattmetallwerke München-Stockdorf (Gesellschaft m. beschr. Haft.) übergegangen, die an derselben neuerliche Umbauten ausführte, ohne daß jedoch eine Aenderung der Eichhöhe eintritt, bezw. für künftig beabsichtigt ist.

Die Metallpapiergesellschaft hat unter Vorlage von Plänen, die von der Firma Edwards und Hummel, Zivilingenieure in München und von der Maschinenfabrik J. G. Keck in Nürnberg gefertigt sind, um die wasser- und gewerbepolizeiliche Genehmigung der vorhabl. konstruktiven Aenderungen der Stau- und Triebwerksanlage nachgesucht.

Das Wassertriebwerk wird auch künftighin für den Gewerbebetrieb der Metallpapiergesellsch. ausgenützt.

An den Stau- und Triebwerksanlagen wurden ständig Veränderungen vorgenommen.

Links Badehütten, gebaut vom Gastwirt Johann Mayr 1902. Im Hintergrund die Holzüberdachung für das Wasserrad des Haenleschen Metallhammerwerks.

Schütz und Wasseraustritt für zwei Turbinen des Metallhammerwerkes 1907 nach Beseitigung der Wasserradanlage.

Stauwehr mit Überlauf der Firma Stanz-Schmidt.

Die Gebäude der Firma Stanz-Schmidt, 1994

Warum dem Lärm des Hammerwerks wenig Einhalt geboten wurde, geht aus einem Schreiben der Blattmetallwerke vom 11. Dezember 1906 an das Königliche Bezirksamt Starnberg hervor: »Es wird ja zugegeben, daß das Hammerwerk etwas Geräusch verursacht, aber die Bewohner von Stockdorf werden sich hüten, dem Hammerwerk unnötige Schwierigkeiten zu bereiten, da das Hammerwerk eine der besten Einnahmequellen der dortigen Ansiedlung bildet.«

Bei der Weltausstellung in Paris im Jahr 1900 waren die »Metallpapier-, Bronzefarben- und Blattmetallwerke« erfolgreich vertreten. Sie erhielten je eine goldene Medaille für Bronzefarben und Blattmetalle sowie für Metallpapier, Bordüren und Verzierungen.

Im Jahre 1901 waren in Grubmühl zehn Männer und zwei Frauen beschäftigt und im Metallhammerwerk 34 Männer und 41 Frauen sowie vier Jugendliche.

Beide Werke waren danach bereits in der Hand der Blattmetallwerke München. Im Jahre 1940 verlegte diese Firma den Stockdorfer Betrieb nach München und stellte 1976 das Grubmühler Werk

Bis zum Jahre 1929 war an der Gautingerstr. 121 (heute Nr. 23) eine Nagelschmiede untergebracht. Ab Juli 1929 richtete Hanns Willy Schmidt, später »Stanz-Schmidt«, hier einen Betrieb für »Mechanik und Massenartikel« ein.

ganz ein. Am 5. November 1940 übernahm die Firma Stanz-Schmidt die weitläufige Fabrikanlage der Gautingerstraße 2–4 und produziert bis heute mit durchschnittlich 60 Mitarbeitern als Zulieferbetrieb Preß-, Stanz- und Ziehartikel. Hanns Willy Schmidt starb 1969, seit dieser Zeit führt den Betrieb seine Tochter Linde Haupt.

Das Fickhaus

Der Privatier Georg Fick erwarb etwa 1885 ein relativ kleines Bauernhaus mit einer Wohnung und einem angebauten Stall an der Distriktstraße nach Gauting. Das Grundstück hatte die beachtliche Größe von etwa 5000 Quadratmetern, auf dem sich auch ein 700 Quadratmeter großer Weiher, der später nur noch der Säureweiher genannt wurde, und unmittelbar daneben ein kleinerer Weiher befanden. Georg Fick war ein baulustiger Mann und veränderte in den folgenden Jahren das Anwesen durch Um- und Anbauten beträchtlich. Mit Baugenehmigung vom 12. Oktober 1887 ließ er das Hauptgebäude um einen Stadel verlängern, wodurch es eine Grundfläche von 11 x 30 Metern erreichte. Weitere Baugenehmigungen erhielt er am 16. April 1892 zur Errichtung eines größeren Schupfens und auch am 17. August 1899 zum Anbau einer Remise an den Stadel.

Nun war genügend Bausubstanz vorhanden, und er schritt zu seiner größten Tat. Am 23. März 1902 begann er mit einem Umbau, in den er das Bauernhaus, den Stall und den angebauten Stadel einbezog. So entstand ein Mietshaus mit 16 Wohnungen.

Auch sorgte sich Georg Fick um die saubere Wäsche seiner Mieter, denn laut Plan vom 28. Juni 1902 ließ er an das im Hof stehende Backhaus eine Waschküche anbauen. Hätte es damals schon Bautafeln gegeben, könnte man sich die Bauanzeige etwa so vorstellen?

»Umbau des Stall und Stadels
zu Wohnungen
für Herrn Georg Fick
23. 3. 1902

Hier entsteht ein Mietshaus mit 16 Zwei- bzw. Dreizimmerwohnungen in gehobener Ausstattung. Das Haus hat für jeweils 8 Wohnungen 2 Aborte und 2 Brunnen. Zwei Stiegen führen in den ersten Stock. Die Wohnungen sind im Parterre wie auch im ersten Stock über einen, die ganze Gebäudelänge verlaufenden Gang erreichbar, ebenso die Aborte und Brunnen. Das Haus verfügt über elektrisches Licht mit herrlichem ›Würmblick‹. Für Freizeitvergnügen

Das Fickhaus von der Gautinger Straße aus, um 1910

stehen im Sommer die Würm mit Trinkwasserqualität zum Baden und im Winter die Eisfläche der Weiher für den Eissport zur Verfügung.«

In der Tat fühlten sich die Mieter, Bronzestampfer, Metallschläger, Glüher und sonstige Fabrikarbeiter, auch sehr wohl in ihren neuen Wohnungen. Immerhin lebten im Haus durchschnittlich dreißig Erwachsene und ebensoviele Kinder. Sie gingen freundlich miteinander um, so daß sie fast wie eine Großfamilie zusammenlebten. Es gab soviel gegenseitiges Vertrauen, daß nicht nur die Haustüren sondern auch die Wohnungstüren zu den Gängen meist unverschlossen blieben. Ein ständiges Auf- und Absperren wäre auch viel zu umständlich gewesen, denn durch die Brunnen und Aborte im Gang spielte sich dort ein reges Leben ab.

Die Würm war im Bereich des Fickhauses durch das Metallhammerwerk aufgestaut und so zum Baden ausgezeichnet geeignet. Mehrere Waschbankerl erleichterten die Entnahme von Wasser für die Waschküche und den Gemüsegarten.

Auch ein Tisch mit Bank unter einem großen Apfelbaum lud die Hausbewohner stets zum Verweilen ein. Häufig fand sich hier eine Schafkopf- oder Tarockrunde ein, und bei einer frischen Maß konnte man es aushalten.

Die Leute vom Fickhaus waren auch bereit, Unerfreuliches in Kauf zu nehmen. Im Waschhaus z. B.

Das Fickhaus mit dem Benno-, genannt Fickhaussteg, um 1930

Das Fickhaus von der Gautinger Straße aus, um 1910

gab es keine Wasserleitung, weshalb alles Wasser aus der etwa 20 Meter entfernten Würm herbeigeholt werden mußte. Die ausgekochte Wäsche mußte an die Würm zu den Waschbankerln gebracht werden und wurde dort »würmweiß« gespült. Im Sommer war dies kein Problem, aber an die kalte Jahreszeit durfte man eben nicht denken.

Der ganze Fickhaus-Komplex ging später in den Besitz des Haenleschen Metallhammerwerkes über.

Dieses Fickhaus ließ der heutige Besitzer »Stanz-Schmidt« 1971 abbrechen und an der gleichen Stelle einen Wohnblock mit ebenfalls 16 Wohneinheiten errichten.

Die Sägmühle von Hans Rusp, dem Vater von Lina Baier, 1907

Von der Spundfabrik zur Webasto AG

Auf dem Grundstück direkt bei der Würm an der Grenze zu Krailling standen vor der Jahrhundertwende ein Sägewerk sowie eine Faß- und Spundfabrik. Letztere wurde noch bis 1899 von Franziska Schaupp, der Witwe des Spundfabrikanten, mit zwölf Arbeitern betrieben. Zwischen 1900 und 1905 war Karl Dorn Zwischeneigentümer dieser Anlagen. Dann nutzte Hans Rusp sie als ›Mechanische Werkstätte‹.

Im Jahr 1907 erwarb Wilhelm Baier das Firmengelände. Der 1853 geborene gelernte Handschuhmacher verlegte seine 1901 in Esslingen gegründete »Draht-, Eisen- und Metallwarenfabrik« nach Stockdorf. Er ließ das alte Fabrikgebäude abreißen und einen neuen Hochbau errichten. Wilhelm Baier legte damit den Grundstein für das größte Unternehmen im Landkreis Starnberg: das Webasto-Werk, dessen Name sich von Wilhelm Baier Stockdorf herleitet. 1907 beschäftigte der Betrieb bereits 90 Arbeiter, 1959 waren es 400 und 1970 zählte die Belegschaft 700 Mitarbeiter. Ursprünglich wurden Fahrradteile, aber auch Drahtgegenstände wie Mausefallen oder Gartengeräte, wie zum Beispiel Sämaschinen, hergestellt.

Sieben Jahre nach dem Einzug in Stockdorf brach der Erste Weltkrieg aus. Da blieb es nicht aus, daß auch diese Fabrik für die Waffenproduktion eingespannt wurde. Ladestreifen für Infanteriemunition standen ebenso auf dem Fertigungsprogramm wie Kartuschenrahmen. Letztere brachte man zur Endmontage nach Planegg in das Gasthaus »Zur Eiche«. Nach dem Tod des Firmengründers im Jahr 1917 übernahmen dessen Söhne Otto und Wilhelm junior die Firma.

Zwischen den Kriegen fertigte der Betrieb neben den bereits erwähnten Produkten Faltschiebedächer und Fahrzeugheizungen. Dann begann der Zweite Weltkrieg, und wieder erhielt die Rüstung Vorrang. Diesmal waren es Gasmaskenfilter, Gurtkästen und Trommeln für Maschinengewehre, Funkantennen sowie abgasbetriebene LKW-Heizungen, die hergestellt werden mußten. Den Krieg begleitete ein großer Arbeitskräftemangel. Deshalb wurden etwa 40 Fremdarbeiterinnen aus der Ukraine zur Arbeit bei Webasto eingesetzt. Über sie werde ich später noch berichten.

In den ersten Jahren nach Kriegsende war die wirtschaftliche Lage in Deutschland katastrophal. Webasto hielt sich über Wasser, indem es aus restlichen Materialbeständen der Wehrmacht Artikel wie Schuhlöffel, Kohleschaufeln, Salz- und Pfeffernäpfchen fertigte. Das zur Aktiengesellschaft gewordene Webasto-Werk wurde in verschiedene Bereiche aufgegliedert, es entstanden Abteilungen für Fahrzeugtechnik, für Karosserie- und für Thermosysteme.

Nach dem Tod Wilhelm Baiers im Jahr 1962 führte dessen Sohn Walter Baier, der Gründerenkel, das Unternehmen weiter. Unter seiner Leitung nahm es einen gewaltigen Aufschwung und wuchs zu einem weltweit agierenden Konzern heran. Neben Stockdorf sind seit langem Utting am Ammersee und Schierling bei Regensburg Standorte der Firma, und die Standheizungsproduktion wurde nach der deutschen Wiedervereinigung nach Neubrandenburg verlegt. Im Jahr 1995 beschäftigte die Webasto AG in Stockdorf 555 Mitarbeiter. Damit sich das Werk zu dieser Größe entfalten konnte, mußte die Kraillinger Straße zweimal, 1923 und 1955, nach Osten verlegt werden.

№ 143. Ausgegeben am **Mittwoch, 13. Dezember 1899.**

Münchener Amtsblatt.

Inhalt: Bildung der Lokalschulinspektion. — Bestellung des Armenpflegschaftsrathes pro 1900/1905. — Gesuch der Spundfabrikantenswittwe Franziska Schaupp in Stockdorf um Genehmigung zur Höherstauung ihrer Wehranlage, hier Schlußbesichtigung und Aichpfahlsetzung. — Wahlen der Ortsführer und Ortspfleger pro 1900/1905. — Abordnung eines Mitgliedes des Gemeindeausschusses zur Kirchenverwaltung. — Kirchenverwaltungswahlen pro 1900/1905. — Maul- und Klauenseuchen. — Lehrkurs für praktisch Fischzucht. — Bevölkerungs-Anzeige.

Der Abstand zwischen dem Blattmetallwerk und der Spundfabrik von Franziska Schaupp war relativ kurz. Um eine bessere Nutzung der Wasserkraft zu erreichen, wurde ständig um die Genehmigung zum Höherstau an der Wehranlage nachgesucht.

911. Gesuch der Spundfabrikantenswittwe Franziska Schaupp in Stockdorf, um Genehmigung zur Höherstauung ihrer Wehranlage, hier Schlußbesichtigung und Aichpfahlsetzung.) Nachdem der dießamtliche Beschluß bezeichnete Betreffs vom 1. Oktober 1895 Nr. 4918 die Rechtskraft beschritten hat und nach Mittheilung der Antragstellerin sowie nach Aeußerung des amtlichen Sachverständigen das Wasserwerk der Bewilligung entsprechend ausgeführt ist, wird in Anwendung der Art. 77 und 78 des Wasserbenützungsgesetzes vom 28. Mai 1852, sowie in Anwendung der K. Allerhöchsten Verordnung vom 11. Januar 1855, das Verfahren bei Aufstellung der Höhenmaße für Stauvorrichtungen und Triebwerke betreffend, Termin anberaumt zur Ortsbesichtigung und Aichpfahlsetzung auf **Donnerstag, den 15. März 1900** Vormittags 9 Uhr an Ort und Stelle.

Hiezu werden alle an der Sache Betheiligten hiemit vorgeladen unter der Ankündigung des Rechtsnachtheiles, daß die nicht Erscheinenden etwaiger Einsprüche verlustig sein würden.

Gemäß Art. 91 des Wasserbenützungsgesetzes können die Parteien Sachverständige zuziehen und ist die Wahl derselben der Uebereinkunft der Betheiligten überlassen.

Es können jedoch nicht mehr als drei Sachverständige ernannt werden.

Kommt eine Uebereinkunft innerhalb der hiemit bis 1. März 1900 festgesetzten Frist nicht zu Stande, so wird von Amtswegen Herr Ingenieur Härtinger als Sachverständiger zugezogen werden.

München, 27. November 1899.   K. Bezirksamt München II. v. Hartlieb

Familie Otto und Lina Baier mit Kindern Sigi, Lotte und Anna, 1925

Familie Wilhelm und Julie Baier mit Kindern Walter und Erika, 1927

Das Haus von Wilhelm Baier, Bahnstraße 48, um 1920

Briefkopf des Webasto-Werkes, 1910

Erster Hochbau des Webasto-Werkes von der Würmseite aus, 1908

Erste Straßenverlegung von 1923, Webasto-Hochbau von der heutigen Kraillinger Straße aus

*Fertigmontage von
Sägeräten bei
Webasto, um 1910*

*Frauenarbeit
im Webasto-Werk,
um 1920*

Beschäftigte der »Draht-, Eisen- und Metallwaren-Fabrik Wilhelm Baier«, mit dem Firmengründer in der Mitte vorne, 1909

Maschinensaal bei Webasto mit Stanzmaschinen, 1924

Der Unternehmer Walter Baier

Walter Baier, Enkel des Webasto Firmengründers Wilhelm Baier, wurde am 24. März 1907 in Esslingen geboren.

Nach einer auf die Firma zugeschnittenen Ausbildung – Realschule, Lehre als Werkzeugmacher und Ingenieurstudium-Maschinenbau – beginnt er 1932 sein Arbeitsleben als Konstrukteur bei Wilhelm Baier Stockdorf. 1939 heiratet er. Nach dem Zweiten Weltkrieg übernimmt er die technische Leitung des Gesamtbetriebes und prägt fast 50 Jahre lang die erfolgreiche Geschichte des Webasto-Unternehmens mit. 1960 wird Walter Baier persönlich haftender Gesellschafter und steht als Geschäftsführer bis 1982 an der Spitze des Unternehmens. Anschließend wechselt er in den Aufsichtsrat der Webasto AG. »WaBe«, wie ihn alle im Betrieb nannten, war beliebt, nicht jeder aber wußte, wie stark er sich neben seinen unternehmerischen Aufgaben auch auf sozialem und kulturellem Gebiet engagierte. Zusammen mit seiner Frau Pauline gründet er die »Walter und Pauline Baier Stiftung«, eine öffentliche Stiftung des bürgerlichen Rechts. Diese unterstützt z.B. in der Gemeinde Gauting großzügig Alten-, Kinder- und Behindertenheime. Auch an der Renovierung der Benediktiner Abtei im Kloster Asbach in Niederbayern nahm sie wesentlichen finanziellen Anteil, eine wahrhaftig kulturelle Tat.

Nicht zuletzt möchte ich als Autor dieses Buches dankbar hervorheben, daß Mittel aus dem Stiftungsfonds das Erscheinen dieses Buches erst ermöglichten.

Walter Baier wurde mit dem Bayerischen Verdienstorden 1. Klasse und dem Verdienstorden der Bundesrepublik Deutschland ausgezeichnet. Er starb kurz nach seinem 90. Geburtstag am 10. April 1997.

Wilhelm Baier mit Familie

Walter Baier

Ecke Wald-/Bennostraße von der heutigen Post aus betrachtet. Von links nach rechts: Reuter, Bahnstraße 23; Rühl, Bahnstraße 24 1/2; Schwab, Waldstraße 110; Motorenwerk Wiegand, Bahnstraße 35

Das Stockdorfer Motorenwerk

Im Jahre 1907 wurde von Herrmann Wiegand in der Bahnstraße Nummer 35 eine Maschinen- und Werkzeugfabrik eröffnet. Er beschäftigte zunächst 14 Arbeiter und stellte Werkzeuge zur Metall- und Holzbearbeitung her. Seine Spezialität war die Produktion von mehrspindeligen Schnell-Bohrmaschinen. Am 3. August 1918 stellte seine Ehefrau Pauline Wiegand einen Bauantrag auf Erweiterung eines Fabrikraumes. Das Bauvorhaben wurde vom kommandierenden General von der Tann, des stellvertretenden Generalkommandos in der Pfandhausstraße in München, untersagt, ohne daß der Antragstellerin eine Beschwerdemöglichkeit eingeräumt wurde. Die Gendarmeriestation in Gauting erhielt die Anweisung, Anzeige zu erstatten, falls der Bau dennoch begonnen werden sollte.

Ab 1921 nannte Wiegand seinen Betrieb »Stockdorfer Motorenwerk« und nahm Motorräder in sein Fertigungsprogramm auf. Diese Motorräder der Marke »SMW« hatten bald einen guten Ruf, und bereits 1923 zählte die Belegschaft 114 Beschäftigte. Dies war die höchste Zahl, die jemals erreicht wurde; bedingt durch die allgemein schlechte wirtschaftliche Lage sank sie schon 1924 wieder auf 42 Beschäftigte. Der Betrieb löste sich am 30. Juni 1939 auf.

Die Gebäude sind heute noch erhalten, stehen aber, von der Bahnstraße aus betrachtet, versteckt hinter einem großen Wohnblock. Angrenzend an das Fabrikgrundstück baute sich Pauline Wiegand im Februar 1913 ein Blockhaus. Es war später lange Zeit im Besitz des ehemaligen Gemeinderates Wilhelm Wunderlich. Heute steht dort ein kleiner Flachbau, Bennostraße 3.

H. Wiegand, Stockdorf b. München
Maschinen- und Werkzeug-Fabrik

Post- und Bahnstation:
PLANEGG
der Bahnlinie München-Starnberg.
Halteplatz STOCKDORF.
Bankkonto: Deutsche Bank München.

Stockdorf b. München, 24/10. 1913

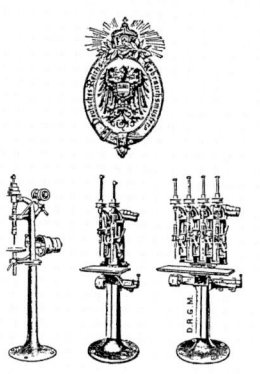

Spezialitäten:
Mehrspindelige
Schnell-Bohrmaschinen
D. R. G. M.

Werkzeuge für Metall- und Holzbearbeitung.

Versand diverser Werkzeuge.

Präzisionsarbeiten und Reparaturen
aller Art.
Ausarbeitung und Anfertigung von diversen Maschinen.

Bitte Preisliste verlangen.

Briefkopf des Stockdorfer Motorenwerkes, 1913

Die Villa des Dauerwellen-Maier, um 1930

Der Dauerwellen-Maier

1929 erwarb der Friseur Franz Xaver Maier von einem Baron eine palastähnliche Villa, die am Hang an der Wettersteinstraße, der heutigen Bergstraße, stand. Hinter diesem Gebäude mit der Hausnummer 43 erstreckte sich bis zur Bahnlinie ein Park, in dem es einen Tennisplatz – wahrscheinlich den ersten in Stockdorf – und in einer romantischen Holzbaracke eine Kegelbahn gab.

Maier war nicht der erste seines Namens im Ort, und so hätte es nahegelegen, ihn Friseur Maier zu nennen, um ihn von seinen Namensvettern zu unterscheiden. Es kam aber anders, denn bald sprachen alle im Dorf nur noch vom »Dauerwellen-Maier«. Für die Stockdorfer galt er nämlich als der Erfinder eines Apparates, mit dessen Hilfe man dem Haar haltbare Wellen, Dauerwellen also, geben konnte. Ob er überhaupt und allein der Erfinder war, ist schwer zu sagen, denn in Karlsbad gab es noch eine Firma, die die gleichen Apparate herstellte. Und dem Brockhaus zufolge kommt diese Ehre einem K. F. Nessler zu. Doch lassen wir den Stockdorfern die Freude – für sie war er der Erfinder, auch wenn er vielleicht nur eine Spezialflüssigkeit erfand, welche die Dauerwelle erst möglich machte. Jedenfalls erlaubte diese ›Erfindung‹ dem Maier erst den Hauskauf in Stockdorf. Er hatte damit nämlich seit 1928 in einem kleinen Betrieb in München am Dom, wo er Teile für Dauerwellenapparate fertigte, mit acht bis zehn Leuten so viel Geld verdient, daß er sich das Stockdorfer Anwesen leisten konnte.

Die Kegelbahn in Maiers Park war für meinen Bruder Hansl und mich von großer Bedeutung. Jeden Freitag traf sich dort eine illustre Gesellschaft zum Kegelabend. Neben dem Hausherrn waren ständig vertreten: Walter Baier, Hans Rusp, der Schwiegervater von Otto Baier, Karl Bum, Betriebsleiter der Firma Baier, Ernst Riehle, Feinmechaniker, zuständig für die Herstellung von Lockenwicklern in der Kellerwerkstätte der Maiervilla und der Gärtner und Hausmeister Hermann Merk.

Mein Bruder und ich waren als ›Kegelbuam‹ tätig und durften die umgeworfenen Kegel wieder aufstellen. Das war eine anstrengende Arbeit. Der Abend dauerte meist bis 23 Uhr, und bereits ab 21 Uhr war die Kegelbahn so voller Qualm, daß wir Mühe hatten, die Kegler oben noch zu erkennen. Hieran waren insbesondere die Zigarrenraucher schuld, zu denen auch der Hausherr zählte.

Ob wir viel oder wenig zu tun bekamen, bestimmte das jeweilige Spiel. Günstig für uns war es, wenn auf Abräumen gekegelt wurde, denn da konnte es vorkommen, daß auf einzelne Kegel ein paarmal geschoben wurde, bis sie fielen. An das Schlußspiel an jedem Kegelabend denke ich noch mit Grausen, denn da ging es immer in die Vollen. Nach jedem Schub mußten wir aufstellen; auch fielen hier die meisten Naturkränze und alle Neune. Bei den letzten beiden Figuren mußten wir jedesmal »Juhu!« schreien, um zu unserer Zusatzeinnahme von jeweils fünf Pfennigen zu kommen. Damit erhöhte sich unsere Garantiesumme für den Abend von 3,50 Reichsmark um vierzig oder fünfzig Pfennige.

Der Dauerwellen-Maier zeigte auch soziales Engagement. Jedes Jahr ließ er zu Weihnachten eine

Beschäftigte des Metallhammerwerkes Stockdorf um 1900, in der Mitte mit schwarzem Vollbart Werkmeister Hans Körner

Sau schlachten und das Fleisch an die Armen im Dorf verteilen. Für letztere war er auch eine gute Adresse, wenn sie für ihre Kinder zur Firmung einen Paten suchten. Er war immer bereit, hier einzuspringen, und ein Tierparkbesuch sowie eine Uhr als Geschenk fehlten dabei nie.

Seinen Betrieb am Dom in München verlegte Maier 1934 zunächst an das Altheimer Eck und 1938 dann zu Uhlfelder, dem früheren Kaufhaus. Im Jahr 1943 wurde diese Produktionsstätte bei einem Luftangriff vollkommen zerstört. Ein Teilbetrieb verblieb noch im Keller der Villa in Stockdorf, aber auch dieser konnte nach dem Krieg wegen der schlechten wirtschaftlichen Lage nicht mehr bestehen und löste sich auf.

Das Maiersche Wohnhaus stand in Stockdorf bis zum Jahre 1964. Heute steht dort die Wohnanlage Bergstraße 90–94.

Die Schlosserei Körner

Mit den Leuten, die aus Franken für die Metallschlägerei angeworben wurden, kamen auch Michael Körner, dessen Frau Katharina und ihre drei Kinder. Man hatte ihn als Werkmeister nach Stockdorf geholt. Seine Tochter Anna heiratete den Elektromeister Martin Müller und war damit gut versorgt. Seinen Sohn Hans wies der Vater in die Geheimnisse eines Werkmeisters ein, so daß er später den Posten übernehmen konnte. Den anderen Sohn, Heinrich, ließ er das Schlosserhandwerk erlernen. Der bildete sich in diesem Beruf bis zum Meister fort.

Michael Körner kaufte am 26. Mai 1903 von Jakob Ramsteiner das Haus Nummer 1½ in der Bahnstraße. Dieses war ein Teil des ehemaligen Haberlhofes, den man 1830 dreigeteilt hatte und als Lechner Hof bezeichnet.

Das Hofmaß wurde damals bei der Einteilung der Bauerngüter unter anderem von der Anzahl der vorhandenen Pferde bestimmt. So wurde als »Bauer« ein ganzer Hof mit 8 Pferden und als »Huber« ein halber Hof mit 4 Pferden bezeichnet und schließlich als »Lechner« ein viertel Hof mit 2 Pferden.

Haus Nummer 1 ½ bestand aus einem Wohnhaus mit Stall, einer Wagenremise, einem Streuschupfen und einem eigenen Hofraum sowie einem Viertel eines gemeinsamen Hofraumes mit Haus Nummer 1 und Haus Nummer 1 ⅓. Hätte Michael Körner nun dieses Anwesen bewirtschaftet, so hätte man ihn nur noch als »Häusler« ohne Pferde bezeichnet. Er hatte aber etwas anderes vor.

Er vermachte das Haus Nummer 1 ½ seinem Sohn Heinrich, dem Schlosser, denn es war naheliegend, daß dieser seinen erlernten Beruf ausüben wollte. Während er noch in München als Schlosser arbeitete, richtete Heinrich sich im ehemaligen Stall 1921 eine eigene Schlosserei ein. Zwei Jahre später heiratete er Anna Brandl, bezog mit ihr das Haus Nummer 1 ½ und machte sich selbständig. Wegen des niedrigen Stalls und der damit verbundenen geringen Durchlüftung kam es besonders beim Feuerschweißen mitunter zu einer unangenehmen Rauchverdunkelung der Werkstatt.

Heinrich Körner vergrößerte im Lauf der Jahre seinen Betrieb zu einer Bauschlosserei. Außer ihr gab es nur wenige Handwerksbetriebe im Dorf. Später führte Körner sogar noch Aufträge für Gas- und Wasserinstallationen durch. Heute werden Fenster und Türen bereits vom Schreiner angeschlagen, also mit Scharnieren, Getrieben und Schlössern versehen. Das gehörte damals meist zu den Arbeiten einer Bauschlosserei. Während der Bausaison gab es immer viel zu tun. Im ganzen Hof stapelten sich Fenster und Türen. Um die Arbeit bewältigen zu können, mußten zusätzliche Arbeitskräfte angeheuert werden. Meistens bekam Heinrich Körner Aufträge, die im Akkord vergeben wurden und deshalb wenig Geld brachten. Auch seine Frau Anna, längst zur Schlosserin geworden, half mit, wo es nur ging, und scheute auch einen Schmiedehammer nicht.

Das Haus Bahnstraße 1 ½ in Stockdorf ist in seiner Grundfläche heute noch in der damaligen Form

Das Haus von Philomena und Wilhelm Hofmann Nr. 10 ½, Im Vordergrund die Dorfstraße, heute Bahnstraße, im Jahre 1890 in bester Qualität. Sie wurde erst in den 30er Jahren staubfrei ausgebaut.

erhalten und dürfte sozusagen das älteste Teilbaudenkmal im Dorf sein. Heinrich Körner starb am 26. Mai 1954. Sein Sohn, ebenfalls mit Vornamen Heinrich, führte die Schlosserei bis 1990 weiter und stellte dann den Betrieb ein.

Das Hofmann-Haus und der »Konsum«

Das Haus Nummer 10 ½ in der Stockdorfer Bahnstraße ist bereits in der Urkatasterkarte von 1809 eingezeichnet, es hat ein stattliches Alter von über 180 Jahren. Das Grundstück, auf dem es steht, besitzt mit dem Friedhof um St. Vitus eine gemeinsame Grenze. Das Haus war nie ein Bauernhof, eher ein Nebengebäude, genauso wie das ehemalige Binder-Häusl, das unmittelbar daneben stand.

Um die Mitte des letzten Jahrhunderts hieß die Eigentümerin des Hauses Nummer 10 ½ Maria

Sonntagsfoto vor dem Hofmann- (links) und dem Binder-Haus, um 1895

Die Handlung Dauer, um 1910

65

Das Hofmannhaus Nr. 10 1/2, aufgestockt im Jahre 1929, mit dem neu eingerichteten »Konsum«. Rechts ein Teil des Binder-»Schwabenfranzlhäusl« genannt, Bahnstraße 10 1/4

Mayr. Ihre Enkelin Philomena, geboren am 6. Januar 1896, heiratete 1919 Wilhelm Hofmann und übernahm mit ihm das Haus. Von 1925 bis 1932 arbeitete Philomena Hofmann im Haenleschen Metallhammerwerk Stockdorf.

1929 ließen die Hofmanns ihr Haus umbauen, es bekam einen ersten Stock und zur Straßenseite hin ein Ladengeschäft. Im gleichen Jahr eröffnete in diesem Laden, sehr zum Ärger der bereits ansässigen Kramer, der »Konsum Verein Sendling München« ein Filialgeschäft und ließ es von einer eigenen Kraft führen. Die seit 1932 arbeitslose Frau Hofmann übernahm 1933 als Filialleiterin den »Konsum«, wie man ihn kurz nannte. Das Besondere an diesem Geschäft war ein Rabatt-Sparsystem, das eingeschriebenen Kunden Vorteile brachte. Sie klebten eifrig Rabattmarken in ein Heft und tauschten dieses am Jahresende in Geld um oder bezahlten damit einen neuen Einkauf.

›Da Harter Lugge‹

Die Brotversorgung für die wenigen Dorfbewohner war lange Zeit durch Backhäuser bei verschiedenen Anwesen, zum Beispiel bei Haus Nummer 6 oder Haus Nummer 7, gewährleistet. Erst im Jahre 1904, als die »Bäckerei Staffinger« an der Münchner-, der heutigen Gautinger Straße, gebaut wurde, erhielten die Stockdorfer ihr eigenes Brotgeschäft. Staffinger betrieb sie aber nur drei Jahre, denn 1907 ging sie in das Eigentum von Johann Harter über. Sie ist seitdem bereits in der vierten Generation im Familienbesitz.

Der am 30. Mai 1864 geborene Johann Harter führte die Bäckerei bis 1930, er starb am 17. Juni 1933. Sein Sohn Ludwig, der am 28. März 1895 das Licht der Welt erblickt hatte, übernahm das Geschäft und leitete es bis zu seinem Tod im Jahre 1956. Im Dorf war dieser nur als ›Harter Lugge‹ bekannt. Man kannte ihn als Menschen mit einem ausgeprägten Sinn für Gerechtigkeit und Hilfsbereitschaft. So blieb es nicht aus, daß er für viele arme Kinder im Dorf den Firmpaten machte, und jeder seiner Firmlinge konnte auf einer vom Harter Lugge geschenkten Uhr die Zeit ablesen.

Im Krieg war er für viele Hungrige oft die letzte Rettung. Meine Mutter erzählte des öfteren, wie sie, wenn es gar nicht mehr weiterging, ihren Stolz überwand, und »rüberging zum Harter«. Sie mußte ihn allein erwischen, wenn er von der Backstube hochkam. Er ließ sich nie lange bitten und sagte: »Geh runter und laß da zwa Wecken geben.« Als meine Mutter wieder einmal von der Backstube hochkam, begegnete ihr die Frau einer dorfbekannten Nazigröße. Irgendwie hat der Lugge, der ein Nazigegner war, das Unverständnis meiner Mutter bemerkt, denn er sagte sofort: »De ham a Hunga.«

Der Harter Lugge war ein kleiner Mann und schaute immer ernst. Meist zeigte er sich mit einer weißen Schürze und Schirmmütze, was zu seinem Markenzeichen wurde. In dieser Uniform sah man ihn fast täglich bei einer Halben im »Gasthaus zur Post«. Er war auch über lange Jahre als Gemeinderat tätig. Auf dem Weg zu dieser Arbeit zog er zwar seine Schürze aus, seine Schirmmütze nahm er aber nicht ab.

Ludwig Harter mit seinen Töchtern, um 1935

Unsere Gastwirtschaften

Ein »Schlößl«, das keines war

Am Würmufer errichtete gegenüber der Roßschwemme um 1870 ein Herr Arnhard die vermutlich erste Gastwirtschaft von Stockdorf. Obwohl ein großes Grundstück zu seinem Anwesen gehörte, baute er das Lokal sehr nahe an die Straße. Er konnte wohl noch nicht ahnen, daß sie später einmal Tausende von Fahrzeugen täglich befahren würden. Das Wirtshaus kann sich nicht besonders rentiert haben, denn bereits 1874 ließ der Besitzer den Komplex in ein Wohnhaus für gehobene Ansprüche umbauen. Das schloßähnliche Gebäude mit dem großzügig angelegten Park, den auch eine Kapelle schmückte, nannten die Stockdorfer liebevoll das »Schlößl«.

Auf der Straße legten die Kinder früher ihren Schulweg nach Gauting zurück und kamen so täglich am »Schlößl« vorbei. Mein Vater erzählte mir, daß sich etwa in der Mitte des Gebäudes ein Balkon befand, auf dem der Besitzer der dazugehörigen Wohnung einen Affen als Haustier hielt. Es war natürlich verlockend für die Kinder, ihn zu tratzen, wann immer er sich zeigte. Der schien davon ganz begeistert zu sein, denn er wartete jedesmal schon auf die Schüler. Er legte sich Kohlen zurecht, die er sich aus der Küche besorgt hatte, und bewarf damit die Kinder. Für die bedeutete das eine willkommene Abwechslung auf dem Schulweg.

Ende der sechziger Jahre wurde das »Schlößl« abgerissen. An seiner Stelle wurde ein Wohnblock errichtet, der Park wurde parzelliert und der Grund mit Einfamilienhäusern bebaut.

Das »Gasthaus zur Post«

Als Johann Baptist Müller im Jahr 1878 südlich vom ehemaligen Haberlhof ein neues Wirtshaus baute, bestand Stockdorf gerade aus 24 Häusern, in denen 161 Menschen lebten. Ursprünglich trug die Wirtschaft den Namen des jeweiligen Besitzers, erst ab 1914 hieß es dann »Gasthaus zur Post«. Der eiserne Briefkasten an der vorderen Hauswand konnte aber den Namen nicht ganz rechtfertigen, denn eine richtige Post erhielt Stockdorf erst 1950.

Der Wirtshausbau war für die damalige Zeit sehr respektabel. Im Erdgeschoß befanden sich die Gaststube mit Nebenzimmer und die Küche. Darüber lagen Wohnungen und ganz oben Zimmer für das Gesinde. Das Rückgebäude des Lokals bot Raum für die Wagenremise und einen Kühlraum mit Eis aus den nahegelegenen Weihern. Ein Schlachthaus mit einem kleinen Laden, wo Fleisch verkauft wurde, kam 1921 hinzu. Rechts neben dem Hauptbau standen Kastanienbäume und bildeten so eine Art Biergarten. Links befand sich unter Bäumen eine romantische Kegelbahn, die zwar überdacht, aber der Länge nach zur einen Seite halboffen war. An der Straßenseite des Gasthauses konnten die Fuhrwerker ihre Pferde anbinden und sie aus einer Futterkrippe fressen lassen.

Der Wirt war auf die wenigen Bauern angewiesen, die nach dem Kirchgang oder am Abend bei ein paar Maß die Dorfpolitik machten, und auf die Knechte der durchfahrenden Fuhrwerke. Ein Vereinsleben, meist eine sichere Einnahmequelle für Wirte, existierte noch nicht, denn der erste Verein in Stockdorf war der Gesangverein von 1885, und der orientierte sich anfangs nach Krailling, wo es bereits den »Alten Wirt« gab. Da bedeutete die 1890 gegründete Feuerwehr einen wahren Lichtblick für den neuen Wirt Johann Höger. Die meisten Übungen wurden vor der Wirtschaft abgehalten, und die Wehrmänner brauchten nur noch umzufallen und schon saßen sie in der Wirtstube am Biertisch.

Mit Johann Mayr kam dann um 1900 ein Wirt, der unternehmungslustig war und Geschäftssinn besaß. Er war nebenbei Gemeindeausschußmitglied, Ortsvorsteher und Ehrenbürger. Mit Weitsicht richtete er 1902 beim Bau der Haltestelle für

Das »Schlößl« mit Roßschwemme, 1905

Das »Schlößl« mit der Roßschwemme, um 1900

den Vorortzug in der Nähe eine Kantine ein, die spätere »Tellhöhe«. Der Bau der Vorortbahn brachte ohnehin mehr Leben ins Dorf, auch gründete man weitere Vereine. Das Sägewerk und die Mühle nebenan verwandelten sich in das Metallhammerwerk. Das mit schweren Hämmern geschlagene Metall mußte immer wieder geglüht werden, und die große Hitze an den Glühöfen machte den Arbeitern großen Durst. Sie brauchten bis zur Gassenschänke ja nur über den Hof zu gehen. Auch mit der 1907 entstandenen Metallwarenfabrik Baier bekam der Wirt neue Kundschaft. Als sich 1911 Sportinteressierte zu einem Turnverein zusammenschlossen, hielten sie in Ermangelung einer eigenen Turnhalle ihre Übungsstunden in der Wagenremise des Gasthauses ab. Auch das belebte natürlich das Wirtshausgeschäft.

So entwickelte sich im Laufe der Jahre eine richtige Dorfwirtschaft, in der gefeiert und auch gerauft wurde. Letzteres gehörte damals einfach zum Wirtshausbesuch und erwies sich nicht immer nur als Kräftemessen. Mancher im Dorf bekam eine Abreibung, wenn man glaubte, er habe sie verdient. Für diese Fälle hatte der Wirt dann auch immer einen ›Ochsnfiesl‹ hinter der Theke bereitliegen.

Dem Johann Mayr folgte 1914 der Gastwirt Mathias Huber, der den Namen »Gasthaus zur Post« einführte. Er stand gern auf den Stufen vor der Eingangstür und versuchte, vorübergehende Leute mit einladenden Worten in sein Lokal zu lotsen. Ihn löste 1930 der Wirt und Metzgermeister Georg Wechselberger ab. Eigentümerin des Gasthauses wurde im gleichen Jahr die Pschorr-Bräu AG, die eine Erweiterung des Gebäudes vornahm. Ein ebenerdiger Vorbau vergrößerte die Gaststube und schuf Platz für einen modernen Metzgerladen. 1937 übernahm Anton Mühlthaler, ebenfalls Wirt und Metzgermeister, Lokal und Laden.

Wir wohnten direkt neben der Wirtschaft, die für uns immer eine besondere Bedeutung hatte. Ohne Zaun zwischen den Grundstücken waren wir Kinder drüben genauso zu Hause wie bei uns. Neugierig wie Kinder sind, trieben wir uns mit Vorliebe am Schlachthaus herum und sahen so manches, was eigentlich nicht für unsere Augen bestimmt war. Wenn unsere Neugierde allzu groß wurde, passierte es schon des öfteren, daß uns ein Metzger einen Kübel Wasser über den Kopf schüttete. Das regte uns aber nicht weiter auf, es machte das Ganze nur noch spannender.

Obwohl wir großes Mitleid mit den Tieren hatten, schauten wir immer wieder beim Schlachten zu. Besonders leid taten uns die Kälber, wenn sie an den

	Eigentümer/Pächter	Name des Gasthauses
1879 (Baujahr)	Johann Baptist Müller	»Gastwirtschaft Baptist Müller«
1890	Johann Höger	»Gasthaus Johann Höger«
1900	Johann Mayr	»Gasthaus Johann Mayr«
1914	Mathias Huber	»Gasthaus zur Post«
1930	Georg Wechselberger Ab 1. März 1930 Eigentümerin: Pschorr-Bräu AG; Umbau: Metzgerladen	»Gasthaus zur Post«
1937	Anton Mühlthaler	»Gasthaus zur Post«
1957	Jakob und Ottilie Pest	»Gasthaus zur Post«
1974	Schließung der Gaststätte	
1982	Abbruch des Gebäudes	

Das »Gasthaus Johann Mayr«, um 1900

Das »Gasthaus zur Post« mit dem Tengelmann-Gebäude, um 1970

Das »Gasthaus zur Post«, um 1920

71

gefesselten Hinterbeinen aufgehängt wurden. Mit einem Hammerschlag auf den Kopf betäubte der Metzger sie, und schon kam das Messer. In ein Gefäß floß dann das Leben. Es war immer ein stiller Tod ohne jedes Aufbegehren. Ganz anders bei den Schweinen. Die schrien fürchterlich, wenn sie den Hammer auf den Kopf bekamen und nach dem Stechen erst beim letzten Tropfen Blut verstummten. Aber wo sollten denn die Blutwürste und der schwarze Preßsack auch herkommen? Die Schweine wurden dann in einem Holztrog überbrüht und mit einer Kette von den Borsten freigerubbelt. Anschließend hob man sie auf einen Tisch, wo man eine Sauberrasur vornahm und das Fleisch aufbereitete.

Das alles war wirklich nicht schön anzuschauen, aber meine Gedanken eilten schon etwas voraus, denn dann kam ein Teil des Schweines zerkleinert in den Kessel, und das ergab dann Kesselfleisch. Beim Schreiben dieser Zeilen läuft mir das Wasser im Mund zusammen, denn wer schon einmal Kesselfleisch frisch aus dem Kessel essen durfte, der weiß, wovon ich rede. In diesen Genuß kam ich fast jede Woche, denn ich hatte das unbeschreibliche Glück, daß der Metzgerlehrling Hans mit seinen fünfzehn Jahren noch sehr kindlich und verspielt war. Die Berchtold-Wiese, auf der die meisten Kinder des Dorfes täglich spielten, lag genau vor dem Schweineschlachtraum. Einige Zeit hielt sich Hans zurück, aber hin und wieder packte es ihn auf einmal, und so, wie er war mit hohen Gummistiefeln und Latzschürze, lief er die paar Meter herüber auf die Spielwiese und erwies sich als einer der besten Mittelstürmer, die ich je sah. Genauso schnell, wie er zu uns gekommen war, arbeitete er aber dann auch wieder weiter.

Er war auch sonst ein netter Kerl, dieser Hans. Seine Latzschürze hatte er in der Mitte abgebunden, wodurch oben eine Tasche entstand. Hin und wieder verschwand er im Kühlraum, verstaute einige Wiener Würstchen hinter seinem Latz, und kurze Zeit später wußte ich, daß man Würstchen notfalls auch ohne Brot essen kann. Bei uns zu Hause gab es nicht einmal jeden Sonntag Fleisch, und so war diese Freundschaft mit Hans für mich natürlich etwas ganz Besonderes.

Dann brach der Krieg aus mit allen Begleiterscheinungen wie Fliegeralarm, Lebensmittelrationierung und so weiter. Zu dieser Zeit war immer noch Anton Mühlthaler Pächter der »Post«. Im Gegensatz zu früher spielte im Krieg auch bei uns Geld nicht mehr die entscheidende Rolle, denn im Wert hatten die Lebensmittelmarken das Geld längst überrundet. Es ging darum, für die zugeteilten Fleischmarken möglichst viel Fleisch zu bekommen. Da mußte beim Einkauf aufgepaßt werden, denn es war nicht egal, wer im Metzgerladen bediente. War »er« selbst da, ging man erst gar nicht 'rein, denn es war bekannt, daß er Fleisch und Wurst auf das Gramm genau nach den Marken auswog. War seine Frau im Laden, konnte man schon mit gewissen Zugeständnissen rechnen. Bediente aber die Oma, kam Freude auf; ein 100-Gramm-Markenabschnitt verdoppelte dann schon einmal seinen Wert.

Bei Fliegeralarm hatte der Keller des Gasthauses für uns eine besondere Bedeutung. Heulten die Sirenen, suchten wir und auch die meisten anderen Nachbarn grundsätzlich in ihm Schutz. Eine schmale Treppe ging hinunter in einen engen Raum, der dann immer überbelegt war. Von ihm aus führte nur an der Gegenseite ein Fensterschacht nach draußen. Heute noch läuft es mir kalt über den Rücken, wenn ich daran denke. Der kleinste Treffer hätte ausgereicht, um den Keller für uns alle zum sicheren Grab werden zu lassen.

Anton Mühlthaler bewirtschaftete bis 1957 das »Gasthaus zur Post«. Die nächsten Pächter hießen Jakob und Ottilie Pest, die aus Niederbayern stammten. Jakob Pest kam im März 1968 bei einem Autounfall ums Leben. Ottilie Pest führte das Geschäft bis 1974 allein weiter.

In späteren Jahren, etwa 1980, wäre es sehr aufwendig gewesen, das alte Gebäude zu modernisieren. Die Entsorgung der Schlachtabfälle war seit jeher ganz einfach geregelt. Im Hof hinter dem Schlachthaus befand sich eine gemauerte Grube mit Blechabdeckung, in die alle Knochen und sonstigen harten Abfälle wanderten: Ein Eldorado für Ratten, die nicht nur dort herumtollten, sondern auch die Nachbarhäuser unsicher machten. Für die weichen und flüssigen Abfälle lag im Erdreich ein Rohr, durch das alles direkt in die Würm lief. Auf diese meist nahrhaften Abfälle lauerten im Wasser zahlreiche Fische. Die Pschorr-Bräu AG wollte keine Erneuerung der Anlage mehr vornehmen und verkaufte das Anwesen, nachdem es ein paar Jahre dem Verfall preisgegeben worden war.

Dann erwarb es ein Immobilienmakler, der den Gasthof 1982 abreißen und an seine Stelle eine Wohnanlage bauen ließ. In ihr ist zwar auch wieder ein Lokal untergebracht, doch es heißt nicht »Gasthof zur Post«, sondern »Mati Mahal Indische Spezialitäten«.

Die »Tellhöhe«

Beim Bau der Vorortbahn im Jahr 1902 wurde hart gearbeitet, und dementsprechend durstig waren die Arbeiter. Das wußte auch der Wirt Johann Mayr, der im Dorf das »Gasthaus zur Post« betrieb. Er wollte sich dieses Geschäft nicht entgehen lassen, zweifelte jedoch, ob die Arbeiter auch bereit sein würden, den Weg bis ins Dorf auf sich zu nehmen. So ging er auf Nummer Sicher und baute direkt an der Baustelle eine Kantine. Er dachte auch noch weiter: Wenn die Arbeiter wieder fortgingen, würde der Zug täglich Menschen ins Dorf bringen. Es waren überwiegend ›Stodara‹, auf die er setzte, die es in

Eine »Bierdeckel-Postkarte« der »Tellhöhe«

›Minga‹ drin nicht mehr aushielten und nach Stockdorf kamen, um mit frischer Waldluft neue Kraft zu tanken.

Weil sich alles nach seiner Vorstellung entwickelte, errichtete Mayr bereits 1904 eine Bahnrestauration, die ab 1912 »Zur Tellhöhe« hieß. Der schluchtartige Straßenausbau und die Höhe, auf der das Gasthaus stand, könnte die Namensgeber aus dem Filser-Jägerkreis dazu inspiriert haben, frei nach

	Eigentümer/Pächter	Name des Gasthauses
1902 (Baujahr)	Johann Mayr	Kantine-Sommerhalle an der Bahnhaltestelle
1904 (Baujahr)	Johann Mayr	»Bahnrestauration«
1912	Johann Mayr	»Restauration zur Tellhöhe«
1914	Johann Mayr Umbau: zweite Dachgaube Miteigentümer: Simon Linner, Peter Strobl, Simon Bachlberger	»Restauration zur Tellhöhe«
1934	Georg Deuschl	»Restauration zur Tellhöhe«
1965	Abbruch des Gebäudes	

Die »Tellhöhe«, um 1960

Postkarte von der »Tellhöhe« mit Sommerhalle, um 1905

74

Haus an der Alpenstraße 30. Bis 1910 Baugeschäft von Fritz Jakobus.

Umbau des Hauses Alpenstraße 30 zum »Café Stockdorf«.

dem Motto: Durch diese hohle Gasse müssen sie kommen, die ›Stodara‹, denn es führt kein anderer Weg in die Wirtschaft. Die ›Stodara‹ waren bei uns nicht uneingeschränkt willkommen, wir fühlten uns ihnen in mancher Beziehung unterlegen. Sie hatten meist mehr Geld und waren ›g'wandter‹.

Die Kantine blieb über eine längere Zeit als Sommerhalle erhalten, und nicht nur die ›Stodara‹ bevölkerten die Tellhöhe, auch die Dorfbewohner feierten hier so manches Fest. Pächter bzw. Eigner waren bis 1934 Johann Mayr, Simon Bachlberger, Simon Linner und Peter Strobl. Dann erwarb Georg Deuschl die Wirtschaft.

Die Sommerhalle verschwand wieder, und das Hauptgebäude veränderte sein Gesicht mehrmals. Der Bau hatte zunächst an seiner Nordseite nur eine Dachgaube, im Jahr 1914 wurde er jedoch umgebaut und erhielt zwei Dachgauben und vier Balkone. Das Gebäude wurde keine hundert Jahre alt: 1965 mußte es einer großen Wohnanlage weichen.

Das »Café Stockdorf«

Das den meisten Stockdorfern als »Café Stockdorf« bekannte Lokal war nicht das erste dieser Art im Dorf. Bereits um 1875 gab es im dreigeteilten Haberlhof im Haus Nummer 1 1/3 eine Kaffeestube. Sie wurde von Katharina Hohenadel mehrere Jahre betrieben. Serviert wurde der Kaffee in der Stube oder draußen unter dem Birnbaum. Vom Kaffeeservice mit Dekor des Hauses sind noch einige Stücke erhalten.

Das Haus des späteren »Café Stockdorf« in der Alpenstraße 30 wurde um die Jahrhundertwende gebaut. Es beherbergte zunächst das Baugeschäft Fritz Jakobus. Dann erfolgte ein Umbau zum Café. Die Gemeinde Gauting war nicht auf Anhieb damit einverstanden, denn der Charakter der Villenkolonie sollte erhalten bleiben, außerdem fürchtete sie wegen des vorgesehenen Alkoholausschanks negative Auswirkungen auf das nahe Kinderheim. Das Bezirksamt setzte sich als übergeordnete Behörde jedoch über diese Bedenken hinweg und genehmigte am 10. April 1918 den Betrieb eines Tageskaffees mit Ausschank von Likör und Süßwein. Im Mai 1925 wurde die Lizenz sogar noch zu der einer Schankwirtschaft erweitert, der Name »Café Stockdorf« blieb.

Am 15. Mai 1929 erwarb der Cafétier und Volkssänger Toni Herrmann das Lokal und machte es als ›Singender Wirt von Stockdorf‹ über die Ortsgrenzen hinaus bekannt. Dann kaufte es 1939 Franz Josef Schierer, und 1952 wurde Kaspar Stredl der Besitzer. Bis 1969 gab es zwar noch sechs weitere Pächter, mit dem Ausscheiden von Stredl, einem der letzten Wirte, verlor das Lokal jedoch seine Bedeutung für das Dorfgeschehen. Es wird seitdem als »Ristorante Pizzeria Al Castagno« geführt.

	Eigentümer(in)/Pächter(in)	Name des Gasthauses
1918	Geschwister Enhuber	»Café Stockdorf – Alpenstraße. Likör-, Süßwein- und Rum-Ausschank«
1925	Erweiterung zur Schankwirtschaft	»Café Stockdorf«
1929	Toni Herrmann	»Café Stockdorf«
1939	Franz Josef Schierer	»Café Stockdorf«
1952	Kaspar Stredl	»Café Stockdorf«

Bis heute sechs weitere Pächter.

Die Kirchen

Die alte St.-Vitus-Kirche

Ganz in der Nähe der Stelle, an der heute die einzige fest installierte Brücke in Stockdorf über die Würm führt, stand früher eine kleine, unscheinbare Kirche.

Sie wird als Tochterkirche von Gauting bereits im Jahre 1315 erstmalig urkundlich erwähnt. In einem Visitationsprotokoll von 1740 heißt es: »auf dem Turm hängen zwei Glocken«. Wegen Baufälligkeit mußte die Kirche um 1850 abgerissen werden.

Am gleichen Ort feierten die Stockdorfer 1857 die Weihe eines neuen Gotteshauses mit Sattelturm, das heute noch in der ursprünglichen Form steht. Die Kirche ist dem heiligen Vitus geweiht und gehört nach der sogenannten Konradinischen Matrikel zu den drei Tochterkirchen von Gauting. Dominierend war im Bereich dieser alten St. Vitus-Kirche der Haberlhof.

Auch der neue Sattelturm bot Platz für zwei Glocken, und mit großer Wahrscheinlichkeit sind beide Glocken vom Vorgängerkirchlein übergewechselt. Leider hängt heute nur noch eine der beiden in der Stube. Mit einer Höhe von rund 60 und einem Durchmesser von 70 Zentimetern ist sie relativ klein geraten. Sie trägt die Aufschrift:

> Johann Jakob Schorer in Minchen
> goss mich anno 1693
>
> Zu der Ehr Gottes leidt man mich
> Die Lewendigen berueff ich
> Die Doten bewein ich

Nur wegen ihrer geringen Größe hat sie Jahrhunderte überdauert, denn es lohnte sich nicht, ihr weniges Metall für Kriegszwecke umzugießen. Ihre größere Schwester wurde dagegen schon im Ersten Weltkrieg vom Turm geholt und für die Waffenschmiede eingeschmolzen. Die Stockdorfer ließen sich aber nicht entmutigen. 1928 konnte wieder eine neue Glocke geweiht werden. Doch auch sie holte man schon 1943 wieder vom Turm und opferte sie für den Zweiten Weltkrieg.

Die in der Stube verbliebene kleine Glocke dürfte mit einem Alter von mehreren hundert Jahren die älteste Zeitzeugin in Stockdorf sein. Bis 1953 erfreute sie die Leute im Dorf allein mit ihrem bescheidenen Geläut.

Als Kinder mußten wir in die Kirche »rüber zum Rosenkranzbeten«. Wir besaßen auch eine Gebetschnur mit den 53 Perlen. Leider muß ich aber zugeben, daß ich in die Betrachtung der fünf Rosenkranzgeheimnisse nicht eingedrungen bin. Für uns Kinder bedeuteten die 53 Perlen lediglich ebensoviele Vaterunser oder Ave Maria, und diese zu beten braucht seine Zeit. Diese zu verkürzen war unser Bestreben. Die Anzahl der Gebete war überprüfbar und daran konnte auch nicht gerüttelt werden, es blieb also nur die Möglichkeit, das Bettempo zu steigern. Hier war Adolf Nuscheler, Schlosser in der Bahnstraße 121/3, einsame Spitze.

Nuscheler hat im Kirchenbetrieb viel geholfen, er übernahm Mesnerarbeiten, aber ganz besonders aktiv war er jedes Jahr im Mai, wenn bei uns als Andacht der Rosenkranz gebetet wurde. Es war für uns eine Freude, wie schnell er es fertigbrachte, die Perlen von einer Hand in die andere wandern zu lassen. Es war uns so auch möglich abzuschätzen, wie lang es noch dauern würde, denn mit unseren Gedanken waren wir längst schon auf der Wiese neben der Kirche beim ›Fangsterln‹ oder ›Gucksterln‹.

Die neue Pfarrkirche Sankt Vitus

Stockdorf zählte 1953 etwa 2000 Einwohner, von denen 1300 katholisch waren. Für diese große Zahl war die alte St.-Vitus-Kirche im Zentrum des Dorfes viel zu klein geworden, und es konnte nur durch einen Neubau Abhilfe geschaffen werden. Eine Erweiterung der alten Kirche war nicht möglich.

Die alte St.-Vitus-Kirche von Westen

Die neue Pfarrkirche St. Vitus, 1995

Adolf Nuscheler

Die Glockenweihe für die alte St.-Vitus-Kirche, 1928

Der Turnverein von Stockdorf löste sich 1933 auf, und die Gemeinde Gauting ersteigerte am 10. September 1936 das Sportplatzgrundstück mit einer Größe von etwa 7000 Quadratmetern. Die Kirchenverwaltung tauschte nun den in ihrem Besitz befindlichen ›Kirchenwald‹ im Osten von Stockdorf, verbunden mit einer Ausgleichszahlung, gegen dieses Sportplatzgrundstück am Waldrand oberhalb des Würmtalwesthanges.

Am 14. Juni 1953, dem Vitustag, konnte der Grundstein gelegt und bald darauf die neue Kirche geweiht werden. Der Bau im altbayerischen Alpenstil, von Regierungsbaumeister Hans Heps geplant und ausgeführt, fügt sich harmonisch in diesen Platz.

Der Turm auf dem Satteldach der Kirche ragt 35 Meter in den Himmel und bietet drei Glocken Platz: einer großen und über ihr nebeneinander einer mittleren und einer kleinen. Sie wurden von Otto, Wilhelm und Lina Baier gestiftet und tragen neben den Inschriften auch deren Initialen. Die große Glocke mit einem Durchmesser von 90 Zentimetern und einem Gewicht von 400 Kilogramm trägt die Inschrift:

> Zu uns komme Dein Reich
> St. Vitus O. B. 1953.

Die mittlere Glocke mißt 75 Zentimeter im Durchmesser und wiegt 250 Kilogramm. Auf ihr steht geschrieben:

> Unser tägliches Brot gib uns heute
> St. Antonius W. B. 1953.

Immerhin 68 Zentimeter Durchmesser und ein Gewicht von 170 Kilogramm besitzt die kleine Glocke. Auf ihr heißt es:

> Friede den Menschen auf Erden
> St. Maria L. B. 1953.

Eine echte Pfarrkirche ist St. Vitus neu erst seit 1957, denn in diesem Jahr wurde der seit 1. 6. 1949 selbständigen Pfarrkuratie Stockdorf der Rang einer Pfarrei zuerkannt. Der erste Pfarrer war Dr. Josef Goldbrunner.

Die langjährige Mesnerin von St. Vitus, Maria Heuschneider, mit ihrem Mann Anton, Pflegetochter Emilie und Enkel Olga vor ihrem Haus Bahnstraße 10, um 1930

Die kleine Glocke der alten St. Vitus-Kirche

Die evangelische Kirche von Südwesten, 1962

Die evangelisch-lutherische Kirche

Im Jahre 1933 drückten 28 Mädchen und 26 Buben die Schulbank in der katholischen Bekenntnisschule in Stockdorf. Die 54 Kinder wurden in sieben Klassen gemeinsam in einem Klassenzimmer unterrichtet. Beim Religionsunterricht verließen damals etwa zwei bis drei Schüler – etwa fünf Prozent der Klasse – den Unterrichtsraum und hatten frei. Das waren die evangelisch-lutherischen Kinder.

Zum evangelischen Glauben bekannten sich im Jahre 1959 von den 2100 Bürgern des Dorfes etwa 700. Das entsprach bereits einem Bevölkerungsanteil von 33 Prozent. Dieser starke Anstieg der Zahl evangelischer Mitbürger in den fünfziger Jahren machte den Bau einer eigenen Kirche immer dringlicher. Von der Kochschen Erbengemeinschaft konnte die Kirchengemeinde ein sehr schönes Grundstück am Waldrand des Würmtal-Osthanges erwerben. Bereits am 13. Juli 1958 wurde der Grundstein für die von den Architekten Jakob Semmler und Jakob Haider geplante Kirche gelegt, und schon am 8. November 1959 wurde die Kirche geweiht.

Im freistehenden Turm mit einer Höhe von 21 Metern hängen drei Glocken übereinander. Sie sind eine Stiftung von Kommerzienrat Bernhard Fischer.

Die große, 572 Kilogramm schwere Glocke trägt die Inschrift:

> GOTT VATER DIR SEI PREIS
> HIER UND IM HIMMEL OBEN
> B. Fischer 1959

Die mittlere Glocke hat ein Gewicht von 355 Kilogramm, auf ihr steht geschrieben:

> HERR JESU GOTTES SOHN
> DICH WILL ICH ALLZEIT LOBEN

Und auf der kleinen Glocke, die 230 Kilogramm wiegt, ist zu lesen:

> O HEILGER GEIST DEIN RUHM
> ERSCHALL JE MEHR UND MEHR.

Das ehemalige Schulgebäude an der Schulstraße, heute Mitterweg, 1949. Rechts im Bild die Jahrhunderte alte Eiche, um deren Erhalt unser Kreisheimatpfleger Alfons Köbele jahrelang erbittert gekämpft hat, 1987

›So war's in unsera Schui‹

Gerade einmal drei Kinder gingen im Jahr 1804 von den sieben Stockdorfer Familien in die Gautinger Schule.

100 Jahre später hatte sich das Bild schon gewandelt: Mit 54 schulpflichtigen Kindern von 230 Einwohnern konnte für eine eigene Stockdorfer Schule schon eher Druck gemacht werden. Eines von diesen Kindern war mein Vater; er wurde 1896 geboren und mußte von 1902 bis 1909 täglich zu Fuß nach Gauting in die Schule gehen. Außerdem war für ihn drei Jahre lang die sogenannte Feiertagsschule Pflicht, und so ging auch noch der Sonntagvormittag von der Freizeit ab.

In der Gemeinderatssitzung vom 10. November 1907 wurde dem Antrag der Stockdorfer auf eine eigene Schule stattgegeben, die Königliche Regierung von Oberbayern stimmte am 2. März 1908 ebenfalls zu. Zwei Jahre dauerte es aber noch, bis der Plan in die Tat umgesetzt wurde.

Am 10. Oktober 1910 war es dann soweit, und der Eröffnung der Schule an der damaligen Schulstraße, dem heutigen Mitterweg, stand nichts mehr im Wege. Nun hatten die Stockdorfer eine Musterschule, in der sieben Klassen, Mädchen und Buben, in einem einzigen Schulzimmer und von einem einzigen Lehrer unterrichtet wurden. Auch das Werk

Klassenfoto mit Oberlehrer Albert Dengler und Kaplan, um 1915

Klassenfoto mit Albert Dengler, um 1920

Klassenfoto mit Oberlehrer Anton Königsbauer, 1. Dezember 1933. An der Wand Kruzifix und Hitlerbild

Klassenfoto mit Aushilfslehrer, 1931

Grubmühl gehörte zum Einzugsbereich der Stockdorfer Schule.

Mit der neu geschaffenen Lehrerstelle war auch der Kantor- und der Organistendienst in der Filialkirche St. Vitus verbunden. Es wartete also viel Arbeit auf den Hauptlehrer Albert Dengler, der als erster Lehrer 1910 seinen Dienst antrat und die Schule bis 1931 leitete. Nach ihm übernahm Oberlehrer Anton Königsbauer diese Aufgabe. Bis zum 19. Juni 1937 hatte sie den Rechtsstatus einer katholischen Bekenntnisschule und wurde erst dann zur Gemeinschaftsschule.

Unser Oberlehrer Königsbauer stand vor einem fast unlösbaren Problem. Wie sollte er sieben Klassen mit 50 bis 60 Schülern in Schach halten, um den Unterricht gestalten zu können? Das Schulzimmer war ausgestattet mit sieben Bankreihen von je acht Plätzen, angeordnet in zwei Blöcken. Eine Klasse zählte im Schnitt acht Schüler, Mädchen und Buben. Den wichtigsten Lehrstoff schrieb Königsbauer vorher an die beiden Tafeln, und während des Unterrichts ging er von Klasse zu Klasse und trat unmittelbar an die Schulbänke. Das bedeutete, daß die restlichen Klassen beschäftigt und ruhiggehalten werden mußten. Das war nicht ganz einfach, und die Kinder hinter seinem Rücken trieben dann so ihre Späße. Diese Unterrichtsmethode hatte aber auch ihren Vorteil. Da der Lehrer von Klasse zu Klasse ging, konnten die anderen Schüler den Stoff wiederholt mithören und somit ihr Langzeitgedächtnis wieder auffrischen.

Königsbauer verlangte von uns absoluten Gehorsam und setzte auf Strafen, um die Disziplin aufrechtzuerhalten. Es gab Tatzen, Watschen (Ohrfeigen), Rausstehen, Strafaufgaben, Nachsitzen und die Androhung einer Elternvorladung sowie in ganz schlimmen Fällen die Leistung von Schadenersatz in Geld. Das wichtigste Instrument zur Herstellung von Ruhe und Ordnung war für den Lehrer der Tatzenstock, auch spanisches Rohr genannt. Dieser Stock war so wichtig, daß er davon auch immer einige in Reserve hielt. Wenn ihm bei der Arbeit einer abbrach, was bei heftigen Hieben des öfteren passierte, holte er aus dem Schrank oder aus seiner Wohnung sofort Ersatz. Sollte der Delinquent vier Hiebe bekommen, und der Stock brach bei Hieb Nummer zwei, wurde mit dem neuen bei Nummer drei weitergeschlagen. Kein Schüler wußte vor Strafantritt, wieviele Tatzen auf ihn warteten, es konnten zwei, vier oder sechs sein, das kam ganz auf die Gemütsverfassung des Lehrers an. Jedenfalls waren sechs Tatzen die Höchststrafe pro Tag.

Die Schläge wurden auf die Innenseiten der Hände verabreicht, und man hatte keine Chance, die Hiebe vielleicht durch schnelles Wegziehen etwas abzuschwächen, denn der Lehrer hielt mit seiner linken Hand die Hand des Delinquenten fest und schlug mit seiner rechten. Zu Mädchen war er fast ein Kavalier; die bekamen weniger Hiebe, und wenn, dann wurden sie sanfter ausgeführt.

Das alte Schulgebäude ist erst in jüngster Zeit sehr schön saniert worden und in seinen Grundzügen erhalten geblieben. Während meiner Schulzeit in den dreißiger Jahren beanspruchte der Schulbetrieb in diesem Haus lediglich ein Klassenzimmer, dessen Fenster sich an der Nordseite befanden, einen Vorraum und Toiletten. Den anderen, ungefähr gleich großen Teil des Gebäudes bewohnte das Ehepaar Königsbauer mit seinen vier Söhnen. Ein kleiner Pausenhof mit Kiesboden lag im Norden vor dem Schulzimmer direkt an der Grenze zu Krailling. Vom Mitterweg führte ein schmaler Weg, von Obstbäumen gesäumt, zum Schuleingang.

Das Kinderheim

Seit 1912 leiteten Schwestern vom Orden der Franziskanerinnen ein Kinderheim an der Alpenstraße. Es war von einem Verein eingerichtet worden, der sich 1910 unter dem Protektorat der Prinzessin Ludwig von Bayern mit dem Ziel gegründet hatte, ein Heim für pflegebedürftige Kinder einzurichten. Nach der Genehmigung wurde an der Alpenstraße ein stattlicher Neubau errichtet. Wegen verschiedener Schwierigkeiten in der Zeit nach dem Zweiten Weltkrieg mußte es jedoch schon 1955 endgültig seine Pforten schließen.

Im Dorf hatten wir mit diesem Heim eigentlich nichts zu tun; wir sahen die Kinder lediglich bei ihrem täglichen Spaziergang. Es herrschte eine mustergültige Ordnung, die Mädchen und Buben gingen brav in Zweierreihen hintereinander, begleitet von einer Schwester am Anfang und einer am Ende der Schlange zur Aufsicht. Zu diesen Kindern hatten wir überhaupt keinen Kontakt, wir konnten weder mit ihnen reden noch mit ihnen spielen. Unwillkürlich erweckte dies in mir Gedanken an Gefangenschaft und war somit für mich einfach nicht vorstellbar. Wir fühlten uns immer frei, obwohl wir als Kinder bereits viel arbeiten mußten. Allein durch die arbeitsbedingte Abwesenheit unserer Eltern hatten wir viel Freiraum.

Mein Bruder und ich hätten nie gedacht, einmal selbst in diesem Kinderheim leben zu müssen. Aber das Leben hält ja so einiges bereit. Einmal mußte unsere Mutter wegen einer Operation acht Wochen im Krankenhaus verbringen. Als wir erfuhren, daß wir für die Zeit ausgerechnet in dieses Kinderheim übersiedeln sollten, kam das einer wirklichen Katastrophe gleich. Es war ja nicht auszudenken, vielleicht gemeinsam mit den Heimkindern und den Schwestern durch das Dorf zu spazieren, schön in Reih und Glied, und uns von den Dorfkindern auslachen zu lassen.

Es half alles nichts, der Tag unserer Einweisung nahte. Und es kam noch schlimmer. Täglich sollten wir am Nachmittag unter Bewachung einer Schwester in den Schlafsaal. Natürlich mußten wir uns anfangs ganz der Kinderheimordnung beugen, hatten aber eine Sonderstellung bekommen. Da unser Aufenthalt zeitlich begrenzt war, durften wir wenigstens weiterhin die Dorfschule besuchen. Dies war ein erster Sieg und hatte einige für uns sehr günstige Auswirkungen. So mußten wir früher aufstehen als die Heimkinder und bekamen ein eigenes Zimmer zugeteilt, das sogenannte Isolierzimmer. Von der Küche führte in dieses Zimmer ein kleiner Lastenaufzug, und durch diesen wurde uns täglich ein Extrafrühstück in unser Zimmer hochgefahren. Wir brauchten also nur die Aufzugtür zu öffnen, und vor uns stand ein herrliches Frühstück: Eine Kanne Kakao, frische Harter-Semmeln, Marmelade und Butter. Da war kein großer Unterschied mehr zu König Ludwig II., zu dem im Schloß Linderhof ein gedeckter Tisch hochgefahren wurde. Natürlich kamen hier sofort Vergleichsgedanken auf, und leider konnte unser Muckefuck von zu Hause mit Schwarzbrot und Vierfruchtmarmelade nicht mithalten.

So gingen wir täglich hinunter in unsere Schule, lernten fleißig und holten uns unsere täglichen Tatzenrationen ab. Jedenfalls waren wir nicht auf Gerüchte angewiesen, sondern konnten direkt vor Ort das Dorfgeschehen mitverfolgen.

Ein weiterer Vorteil, den wir als Heimkinder genossen, war die Befreiung von den täglichen Spaziergängen, da sie genau in die Unterrichtszeit unserer Dorfschule fielen. Es entwickelte sich alles einigermaßen günstig für uns, und die Schwestern versuchten auch nicht lange, an uns herumzuziehen. Denn es hätte ohnehin mindestens acht Wochen gedauert, solange sollten wir im Heim bleiben, bis eine Zähmung einen Erfolg gezeigt hätte. Vielleicht hatten sie auch Angst, daß zuviel ›Dorf-Gedankengut‹ auf die Heimkinder überspringt, und befürchteten negative Auswirkungen.

Das Prinzessin-Ludwig-Kinderheim, um 1910/15

Wie schon erwähnt, gab es da noch etwas Schreckliches, und das war der Schlafsaal. Anfangs fanden wir keine Gnade; wir mußten in diesen sauren Apfel beißen und mit den anderen Kindern Mittagsschlaf halten. Aber am Nachmittag zu schlafen, war einfach unmöglich. Noch heute sehe ich die Schwester, wie sie langsam und leise durch die Liegereihen schritt, ein Gebetbuch oder einen Rosenkranz in den Händen. Wenn sie auf meiner Höhe war, täuschte ich den Schlafenden vor. Kaum war sie vorbei, mußte sie sich schon wieder umdrehen und mich ermahnen. So hatten mein Bruder und ich viel Zeit, über unser Schicksal nachzudenken und auf eine Erlösung zu sinnen.

Die Schwestern merkten schnell, daß wir von zu Hause her Arbeit gewohnt waren und nützten dies, indem sie uns allerhand Arbeiten übertrugen. So durften wir bald anstelle des Schlafsaalaufenthaltes für das ganze Heim den Kaffee mahlen und für alle Kinder die Schuhe putzen. Wenn unser Verhalten auch nach meiner heutigen Überzeugung ziemlich dumm war, hat unsere Arbeit trotzdem den Schwestern und uns geholfen. Fleißige Menschen schätzt man ja besonders, und so stieg unsere Beliebtheit immer weiter an. Wir bekamen sogar manche Sonderration. Auch bei den Heimkindern verschafften wir uns bald Respekt, denn wir konnten viel aus dem Dorf erzählen, und in so manchen Dingen waren wir auch geschickter als sie.

Im Kinderheim befand sich neben einer katholischen Bekenntnisschule auch eine Kapelle. Ein eigens dafür eingesetzter Kaplan sorgte dafür, daß sie auch regelmäßig ihren Zweck erfüllte. Diesen Kaplan kannten mein Bruder und ich schon, denn er las auch im Dorf in St. Vitus hin und wieder die Messe. Er war nicht nur ein schöner Mann, er konnte auch gut singen und hatte einen für uns fremden Namen: Delagera.

Die Kapelle lag im ersten Stock, und vom Treppenhaus führte ein langer, immer spiegelblank gebohnerter Gang bis nach hinten zur Kapelle. Hier konnte ich einfach nicht widerstehen, nahm also einen kräftigen Anlauf und genoß jedesmal eine herrliche Rutschpartie. Die war natürlich verboten. Als mir wieder einmal so ein rekordverdächtiger Rut-

Das Prinzessin-Ludwig-Kinderheim, um 1946

scher gelang, der mich bis vor die Kapellentür brachte, erlebte ich eine unangenehme Überraschung. Hinter einer Säule trat mein lieber Kaplan hervor, schaute mich mit seinem durchdringenden Blick lange Zeit an und fragte mich eindringlich: »Woran denkst du?« Dies interessierte ihn anscheinend, denn die Zwei aus dem Dorf hatten sich ja bis jetzt seinem Einfluß entzogen. Als ich völlig verstockt dastand und kein Wort herausbrachte, gab er mir einige Ermahnungen und bestellte mich für die nächsten Tage zur Ohrenbeichte. »Da wird sich deine Zunge schon lösen«, sagte er. Diesem Unheil konnte ich mich nur entziehen, indem ich schnellstens bei unserem Kooperator zum Beichten ging. Da meine Sünden sich ständig wiederholten, war dies nicht schlimm, denn der kannte sie eh schon alle.

Zum Prinzessin-Ludwig-Kinderheim gehörte auch noch ein Schwesternheim. Es stand schräg gegenüber am Himbselweg und wurde etwa 1980 abgebrochen. Bald hatte sich herumgesprochen, daß im Heim vorübergehend zwei aus dem Dorf weilten, die man für allerhand gut gebrauchen konnte. Die Schwestern besaßen ein paar Kühe und einen Esel. Der hatte so seine Mucken, wahrscheinlich wollte er gar nicht einsehen, daß ihn zwei so junge Hupfer befehligten. Er konnte ja nicht wissen, daß wir auf Befehl der Schwestern handelten. Wir durften oder mußten jede Woche nach Planegg zum Güterbahnhof fahren.

Das Kaminkehrersaierl im Kreuzlinger Forst

Das Kaminkehrersaierl, um 1900

Das Kaminkehrersaierl, 1990

Einmal im Jahr, und zwar im Mai, steuerten wir immer ein ganz bestimmtes Ziel an, wir gingen ins Wiesmahd. Der Weg verlief zunächst in Verlängerung der heutigen Engertstraße und zweigte dann als romantischer unbefestigter Waldweg links ab und führte direkt zu den begehrten Maiglöckerlplätzen. Nur ein intakter Wald konnte eine Blumenpracht hervorbringen, wie sie damals noch anzutreffen war.

Auf dem Weg zum Wiesmahd ging es vorbei am Kaminkehrersaierl, und da regte ein Bild immer wieder zum Nachdenken an. Es zeigt einen Kaminkehrer, der mit seiner Leiter tot am Wegesrand lag. Er war 1791 auf dem Weg von oder nach Fronloh-Pentenried wahrscheinlich übermüdet eingeschlafen und dabei erfroren; vielleicht hatte er auch einen Rausch, man weiß es nicht. Für uns war es jedenfalls immer ein Grund zur Besinnung, verbunden mit ein wenig Angst, es könnte einem selber auch so passieren. Immerhin war der Kreuzlinger Forst damals lange nicht so erschlossen wie heute, und es war durchaus möglich, sich darin zu verlaufen.

Das Kaminkehrersaierl gibt es heute noch, die Romantik hat aber durch den großen Sturmschaden schwer gelitten. Vielleicht steht es aber noch einmal zweihundert Jahre. Bis dahin wandelt sich der Wald noch einige Male.

Die »rauhe Fichte«, wie sie genannt wurde, war um die Jahrhundertwende auf vielen Postkarten festgehalten. Sie stand am Weg von Stockdorf zum Forsthaus Kasten und galt als besondere Naturerscheinung. Von diesem 30 Meter hohen Baum wuchsen ca. 3 Meter über dem Boden 3 Äste waagrecht heraus, um dann in einem Abstand von 2 bis 3 Meter vom Stamm, sozusagen als selbständige Bäume in die Höhe zu streben.

Die „Rauhe Fichte" im Forst Kasten

Stockdorf von Osten, Gemälde von Otto Pippel, um 1900

Künstlerisches Stockdorf

Sofie Menter und die »Katzenvilla«

Warum das Haus an der Ecke Engertstraße/Kreuzweg vom Volksmund »Katzenvilla« genannt wurde, ist nicht unbedingt nachvollziehbar. Die Tatsache, daß sich die Bewohnerin 34 Katzen hielt, war zwar ungewöhnlich, genauso bemerkenswert war es jedoch, daß sie mindestens ein Dutzend Klaviere und Flügel in ihrem Haus stehen hatte. Warum dann nicht ›Klaviervilla‹?

Sofie Menter war die zu ihrer Zeit wohl berühmteste Pianistin in Europa. Nach ihr sind zwei Straßen benannt, eine in München und eine in Stockdorf. Ihre Villa baute sie sich 1903 nach eigenen Plänen im Stil eines russischen Bauernhauses vom Erlös einer Perlenkette, die der russische Zar Alexander ihr nach einem Konzert geschenkt hatte. Von namhaften Klavierbaufirmen wurden ihr Klaviere und Flügel geradezu aufgedrängt, denn für diese war es eine Ehre, wenn eines ihrer Instrumente von dieser berühmten Frau gespielt wurde.

Die Kritiker ihrer Zeit nannten sie die Königin der Tasten und rühmten das Feuer ihres Spiels. Wenn Menter bei offenem Fenster spielte, lehnten die Stockdorfer oft am Zaun vor der Villa und lauschten ihrer Königin. Trotzdem sprachen sie von der Katzenvilla, da verstehe einer noch die Volksseele.

Die Künstlerin wurde bei ihren Konzerten in ganz Europa gefeiert. Sie lernte viele andere berühmte Persönlichkeiten kennen, so auch Franz Liszt, den sie schon seit ihrer Jugend verehrte. Mit ihm verbrachte sie eine Zeit, in der sie auf ihren Konzerten vorwiegend Werke dieses Klaviervirtuosen und Komponisten spielte. Die Beziehung zwischen Sofie Menter und dem 35 Jahre älteren Franz Liszt beschränkte sich nicht auf die Musik, aus ihrer Verbindung ging auch eine gemeinsame Tochter hervor. Da ein uneheliches Kind in der damaligen Gesellschaft als Schande empfunden wurde, gaben

Sofie Menter, um 1905

die beiden das Kind sofort nach der Geburt in ein Heim und versuchten, seine Existenz zu vertuschen.

Zum Namen »Katzenvilla« hat Menter schon auch ihren Teil beigetragen. Denn wer hält sich schon so viele Katzen und richtet ihnen sogar noch ein eigenes Zimmer mit Katzenschaukeln und sonstigen Späßen ein. Ihr Lieblingskater Klecks, ein Geschenk von Liszt, war auch im Konzertsaal ihr Begleiter und hatte einen Ehrenplatz neben ihr am Klavier.

Obwohl die Pianistin in Stockdorf am Rande eines prächtigen Tannenwaldes wohnte, fühlte sie sich gesundheitlich nicht wohl. Sie wurde von Asthma geplagt, das sie selbst auf das Stockdorfer Klima

Das Hochwald-Erholungsheim des Dr. Betz in den dreißiger Jahren

Das heutige Gebäude an der Stelle der früheren »Katzenvilla«, 1992

zurückführte. Heute gilt es jedoch als sicher, daß sie an einer Katzenallergie litt.

Sofie Menter verkaufte das Haus Kreuzstraße 27 im Jahr 1917 an den Münchner Arzt Max Betz. Sie selbst zog nach München, wo sie am 19. Juli 1846 geboren worden war und am 23. Februar 1918, von der Welt vergessen und einsam, starb. Der Name »Katzenvilla« hielt sich noch einige Zeit, geriet aber dann mehr und mehr in Vergessenheit.

Im Dorf sagten wir dann auch schon mal »beim Dr. Betz drobn«. Dieser richtete dort 1928 ein Hochwald-Kindererholungsheim ein, das er bis 1936 betreute. Für das Haus folgten wechselvolle Jahre. Während des Krieges diente es zunächst als Erholungsheim für erwerbslose Mütter; dann wurde es an die Nationalsozialistische Volkswohlfahrt verpachtet. Bei Kriegsende im Mai 1945 nisteten sich amerikanische Offiziere ein. Ab 1946 wurde es an das Rote Kreuz vermietet, das darin zunächst ein Auffanglager für Kriegsversehrte und dann eine Schwesternschule unterbrachte. Nachdem die Innere Mission einige Zeit in diesem Haus tätig war, brachte zuletzt eine Elektro- und Baufirma ihre Arbeiter darin unter.

Die Familie Betz lebte in diesem Haus mit einigen Unterbrechungen, bis es der modernen Zeit weichen mußte. Am 1. September 1971 rückten die Bagger an, und heute steht ein großer Wohnblock an der gleichen Stelle. Leider erinnert nichts mehr an die Villa im russischen Bauernhausstil.

»Ernst ist das Leben und Haider die Kunst«

Eigentlich blieb Ernst August Haider gar nichts anderes übrig als Maler zu werden. Die Frage war nur, ob er die Erwartungen erfüllen konnte, die aufgrund der Familientradition an ihn gestellt wurden. Immerhin war sein Großvater Max Josef Haider, geboren 1807 in Schloß Biederstein in Anzing, nicht nur der Leibjäger König Ludwigs I., sondern auch ein bekannter Jagdzeichner und Landschaftsmaler gewesen. Der König war von dessen Werken begeistert und förderte ihn. Haiders Vater, geboren 1846 im Jagdschloß Neuhausen bei München, mußte seinem Vater den Werdegang als Kunstmaler wiederum abtrotzen. Er kam erst spät zu Ehre und Ansehen.

Ernst August Haider wurde am 16. November 1890 in München geboren. Er lebte von Jugend an mit der Malerei und der Musik. In Stockdorf baute er sich 1928 ein Haus mit Atelier, das er mit seiner fünfköpfigen Familie bewohnte, und zwar in der Heimstraße 139.

Seine Eigenwilligkeit und seine Art, Dinge geradeheraus zu sagen, waren bald bekannt und wurden nicht überall geschätzt. Durch seine Neigung zum Grundsätzlichen verfolgte er seine Malerei kompromißlos, was ihn zu einem Meister der Radierung und Portraitmalerei werden ließ. Der späten Münchner Schule, nach der Motive wie Berge, Landschaften und Portraits streng realistisch zu malen wa-

›Rauhreif‹, Forstkastenstraße,
Ernst Haider, 1929

›Geschwister in der Laube‹,
Ernst Haider, 1949

Selbstbildnis von Ernst Haider, 1979

ren, blieb er stets treu. Seine Arbeiten waren begehrt, und viele Stockdorfer können sich glücklich schätzen, Werke von ihm zu besitzen. Auch in der Bayerischen Staatsgemäldesammlung und im Bayerischen Staatsministerium für Unterricht und Kultus finden wir seine Gemälde. Bildnisse von bekannten Persönlichkeiten wie Rudolf Esterer, Joseph Wintrich oder dem Chemiker Robert Bunsen stammen ebenfalls von seiner Hand. Für seine besondere künstlerische Leistung wurde ihm 1982 von der Gemeinde Gauting der Günther Klinge-Preis verliehen.

Haider hatte Humor, oft hörte man von ihm den Ausspruch: »Ernst ist das Leben und Haider die Kunst.« 60 Jahre wohnte und wirkte er in seinem Haus in Stockdorf. Er war bis ins hohe Alter rüstig und starb am 27. Januar 1988 im Kreiskrankenhaus in Starnberg.

»Beim Schwormstädt draußen«

»Beim Schwormstädt draußen« war für uns eine gängige Ortsbezeichnung. Wir meinten damit das Haus Bahnstraße 25 gegenüber der Villa des Fabrikanten Wilhelm Baier. Schwormstädt ging hin und wieder bei uns vorbei, ein alter Herr mit Spitzbart. Wir wußten nichts über ihn, aber er war für uns etwas ›Besseres‹. Später erfuhr ich, daß er selbst nicht viel dazu beigetragen hat, im Ort bekannt zu werden; er lebte eher zurückgezogen. Mein Vater mähte das Gras in seinem Garten, und dabei half ich oft. Da konnte ich mich ein wenig umschauen, und mir fielen die großen Fenster im Haus auf. Ich hörte auch etwas von einem Atelier, begriff jedoch erst später, was es damit auf sich hatte.

Felix Schwormstädt wurde am 16. September 1870 in Hamburg geboren. Er kaufte 1906 das Haus Nummer 25 in der Bahnstraße, das erst kurz zuvor, etwa 1902, gebaut worden war, und verlegte seinen Hauptwohnsitz dorthin.

Erst im Alter von 30 Jahren trat er mit einer Buchillustration als Künstler an die Öffentlichkeit. Eines seiner bekanntesten Bilder zeigt den Mord am österreichischen Thronfolger Erzherzog Franz Ferdinand in Sarajewo am 28. Juni 1914. Es ging damals durch die Weltpresse. Felix Schwormstädt war Maler, Pressezeichner und Illustrator. Er wäre kein Hamburger gewesen, wenn nicht Schiffe und alles Drumherum sein besonderes Interesse geweckt hätten. So hatte er sich in der Marinemalerei einen Namen gemacht.

Aber auch Stockdorf profitierte von Schwormstädts Kunst. Er verstand es meisterhaft, Dorfereignisse darzustellen. Im Ersten Weltkrieg hielt er in einer Zeichnung fest, wie Schulkinder im Klassenzimmer der alten Schule eine Kriegsanleihe zeichneten. Der ehemalige Lehrer Dengler ist unverkennbar getroffen. Auch das Bild eines Veteranen-Stiftungsfestes vor der Kirche St. Vitus in Stockdorf hat historischen Wert. Die Fähigkeit Schwormstädts, Personen lebensecht darzustellen, kommt hier besonders gut zum Ausdruck. Dorfbekannte Männer wie Degenhardt, Engelbert, Raßbichler und Walter Dengler sind ihm ausgesprochen gut gelungen. In

Das ehemalige Schwormstädt-Haus, Bahnstraße 25, 1992

Postkarte von der Stockdorfer Villen-Partie, um 1920. Links an der Bahnstraße zuerst das Schwormstädt-Haus, dann das Stockdorfer Motorenwerk und das 1918 erbaute Turmhaus Rühle.

Selbstbildnis von Felix Schwormstädt, 1915

Veteranenfest-Stiftungsfest vor der alten St.-Vitus-Kirche, Felix Schwormstädt, um 1916. Zweiter von links: Degenhardt, dritter von links: Engelbert Schöllhorn, mit Fahne: Raßbichler, mit Hut rechts im Kranz: Walter Dengler

Der Firmengründer von Webasto, Wilhelm Baier, und seine Söhne machten für ihre Fahrradschutzbleche Reklame, Felix Schwormstädt, 1925

Kinder spielen vor dem Haus Bahnstraße 1 1/3, Felix Schwormstädt, um 1915

Kinder zeichnen eine Kriegsanleihe, Felix Schwormstädt, um 1916

einem weiteren Bild hielt er die Spielfreuden der Kinder vor dem Haus Bahnstraße 1 1/3 fest. Besonders beeindruckt die Darstellung der Metallschläger im Stockdorfer Hammerwerk. Erika Baier, heute Schlumprecht, war in den zwanziger Jahren als Nachbarin oft in Schwormstädts Haus und hat ihm allein und mit ihrem Bruder Walter Modell gestanden.

Ende 1931 wanderte Felix Schwormstädt in die Schweiz aus und starb am 18. Februar 1938 in Luzern.

Walther Kerschensteiner

Walther Kerschensteiner erwarb das Haus an der Bahnstraße Nr. 23 von den Geschwistern Hahn, die es 1912 gebaut hatten und darin im Parterre ein Kolonialwarengeschäft betrieben. Auch nach der Übernahme durch Kerschensteiner blieb das so. Bis 1932 hieß es Fischer und anschließend Reichl. Nur zuletzt bis zum Abbruch des Hauses 1994 war hier das Radio- und Fernsehgeschäft von G. Roth untergebracht.

Walther Kerschensteiner bewohnte mit Frau und Tochter das Obergeschoß. Er war ein lebensfroher Mensch und griff in Gesellschaft gerne einmal zu seiner Gitarre und gab einige G'stanzl zum besten.

Als Studienprofessor an der Rupprecht Oberrealschule in München brachte er seinen Schülern die Kunst der Öl- und Aquarellmalerei sowie der Radierung näher.

Ein Glück für Stockdorf war, daß er diese Kunst auch privat ausübte. Nicht selten sah man ihn im Dorf vor seiner Staffelei stehen, z. B. in der Nähe des »Gasthauses zur Post« mit Blick auf die Dorfidylle um St. Vitus. Geduldig ertrug er die neugierigen Blicke der vorbeigehenden Dorfbewohner, denn fast jeder wollte das entstehende Werk betrachten, und so mancher glaubte, einen Kommentar geben zu müssen. Er malte nach der Natur, und so entstanden viele Motive im Dorf. Auch Ölbilder und Aquarelle reizvoller Stellen an der Würm und um Grubmühl schmücken heute die Wohnungen vieler alter Stockdorfer.

Das Kaufhaus der Geschwister Hahn, Bahnstraße 23, um 1912

Während heute noch viele idyllische Würmabschnitte erhalten sind, an denen sich ein Maler erfreuen könnte, ist die Dorfmitte als Motiv für Maler vollkommen verloren. Gerade hier sind Bilder aus seiner Hand erhalten, deren Wert für Stockdorf nicht hoch genug eingeschätzt werden kann.

Drucke und Kopien seiner Radierung von St. Vitus machten in letzter Zeit in Stockdorf die Runde, aber auch auf dem Bild des ehemaligen Haberlhofes und dem Winterbild ist ihm die Darstellung des typischen Dorflebens trefflich gelungen. Seine Bilder von der Würm, die ihn immer wie ein Magnet anzog, sprechen von seiner Liebe zu dieser Landschaft.

Walther Kerschensteiner wurde am 10. August 1887 in Nürnberg geboren und starb 81jährig am 11. Januar 1969 in Gräfelfing.

Der Kunstmaler A. Paulus

Der Kunstmaler A. Paulus lebte um die Jahrhundertwende im Raum Stockdorf-Planegg. Er schuf in dieser Zeit viele Ölbilder auch von Stockdorf. Wir verdanken ihm zahlreiche Malereien mit Motiven an der Würm oder im Wald.

Leider sind viele seiner Werke im Zweiten Weltkrieg durch Brand beschädigt oder ganz zerstört worden.

Kerschensteiner Ölbild, links der Grubmühler Weiher, rechts das Grubmühler Feld, 1925

Walter Kerschensteiner mit Freunden im Zugabteil, um 1940. Es gab viele solcher Fahrgemeinschaften in Stockdorf, die den Arbeitstag im Zugabteil der Vorortbahn lustig und gemütlich begannen.

Der ehemalige Haberlhof auf einem Gemälde von Walter Kerschensteiner, um 1920

Ehemaliger Haberlhof, St. Vitus, Hofmann-Haus, Gemeindehaus, Gemälde von Walter Kerschensteiner, 1923

Mädchen an der Würm,
A. Paulus, 1903

Stockdorf von Süden, Gemälde von A. Paulus, 1895

Villen

Die Leithe-Villa

Vom Beginn dieses Jahrhunderts bis zur Inflationszeit nach dem Ersten Weltkrieg fand in Stockdorf ein großer Ausverkauf von Baugrundstücken sowie von Acker- und Wiesenflächen statt. Es waren meist betuchte Münchner, die hier ihr Geld anlegten und es so vor der Inflation retten wollten. Das Kraillinger Feld und das Kastenfeld kamen zum überwiegenden Teil in die Hände des Kommerzienrates Anton Koch und des Holzgroßhändlers Karl Dorn. Neben ihnen war auch die Familie Leithe an diesem Grund beteiligt. Der 1896 geborene Mathäus Leithe

Die Villa von Mathäus Leithe, Tellhöhe 13. Sie wurde 1918 erbaut.

kam aus einer Handelsfirma in der Münchner Kapuzinerstraße mit einer über hundertjährigen Tradition, die mit Metzgereibedarfsartikeln, insbesondere Därmen und Gewürzen, handelte. Er riet bereits als Soldat im Ersten Weltkrieg seinem gleichnamigen Vater, geboren 1867, in Stockdorf Grund zu kaufen. Dieser erwarb dann ein Grundstück auf der Tellhöhe, das bis an die Waldstraße reichte. Darauf baute er 1918 seine Villa mit der Hausnummer 37. Sie lag hoch, direkt auf der Kante des Würmtal-Westhanges. Von hier aus hatte man einen herrlichen Blick über das ganz Dorf und auch hinüber ins Kraillinger Feld, wo Leithe ebenfalls ansehnliche Acker- und Wiesenflächen sein eigen nennen konnte. Auf diesem Grund, den der Sohn etwa 1960 verkaufte, steht heute die Bundesstelle für Fernmeldestatistik mit einem fernmeldetechnischen Institut.

Leithe engagierte sich auch im Dorfleben. So ließ er sich am 25. Mai 1949 bei der Wiedergründung des Turnvereins zu dessen erstem Vorsitzenden wählen. Eine dicke Zigarre im Mund war sein Markenzeichen. Mathäus Leithe starb am 2. Februar 1962.

Das Fischer-Anwesen

Nach dem Ersten Weltkrieg erwarb der aus Marktbreit am Main stammende Bankdirekor Bernhard Fischer ein Grundstück mit 4750 Quadratmetern an der Waldstraße. Hier stand bereits ein Wochenendhaus mit der Hausnummer 11. Etwa 1936 errichtete er dort ein weiteres Gebäude, die Nummer 13, das er von da an ständig bewohnte. Dieses Haus wurde 1996 abgebrochen.

Bernhard Friedrich Fischer wurde als fünftes Kind des Schlossermeisters Johann und seiner Ehefrau Barbara am 15. März 1878 in Marktbreit geboren. Er besuchte die Volksschule und dann eine Realschule in München, die er mit der mittleren Rei-

Haus Nummer 11 in der Waldstraße von Bernhard Fischer.

Waldstraße 13, 1995

fe abschloß. Anschließend ließ er sich in Bamberg zum Bankkaufmann ausbilden.

Es zog ihn wieder zurück nach München, wo er bei der Bayerischen Zentralbank und der Dresdner Bank arbeitete. Bald machte er sich in weiten Teilen Bayerns einen Namen als Finanzexperte. In beiden Bankinstituten war er als Bankdirektor tätig. Für seine Verdienste wurde ihm der Titel ›Kommerzienrat‹ verliehen.

Die beiden Weltkriege gingen nicht spurlos an ihm vorüber. Als Hauptmann wurde er 1917 in Frankreich schwer verwundet, und im Zweiten Weltkrieg verlor er seinen einzigen Sohn.

Fischer blieb seiner fränkischen Heimat stets verbunden und war ein nobler Spender, wenn es um kirchliche Angelegenheiten oder die Förderung des Kindergartens oder der Stadtbücherei ging. Die Stadt Marktbreit verlieh ihm in Anerkennung seiner Leistungen die Ehrenbürgerschaft. In Stockdorf stiftete er die drei Glocken der evangelischen Kirche.

30 Jahre konnte er in seinem Haus an der Waldstraße leben, bis er 89jährig in Stockdorf starb. Seine Urne wurde in seiner Geburtsstadt Marktbreit im Familiengrab beigesetzt. Sein Anwesen in Stockdorf vermachte er der Inneren Mission in München und seinen Wald in der Rhön der evangelischen Kirchengemeinde in Marktbreit. An Fischer erinnert in Marktbreit die Bernhard-Fischer-Straße, in Stockdorf trägt die größte der drei Glocken der evangelischen Kirche seinen Namen als Inschrift.

Die Turmvilla Engert und das Nachbarhaus Zumpe

Während der Grenzverlauf zwischen Stockdorf und Gauting durch die große räumliche Entfernung der beiden Orte voneinander eindeutig ist, fällt es schwerer, eine Grenze zwischen Stockdorf und Krailling zu ziehen. Durch den fließenden Übergang der Bebauung waren mehrere Burgfriedenstafeln nötig, um den Frieden zwischen den Gemeinden zu sichern, denn die beiden Orte sind regelrecht ineinander verzahnt.

Wo etwa das Grundstück der alten Stockdorfer Schule mit seiner Nordseite an Krailling angrenzt, glaubt man noch mitten in Stockdorf zu sein. Ähnlich verhält es sich mit der Turmvilla Engert, Bergstraße 28. Sie steht an der Kante des Würmtal-Westhanges auf einem Grenzgrundstück, das mit seiner Ostseite Krailling berührt. Die heute denkmalge-

Die Turmvilla von Hans Engert, 1962

Das ehemalige Zumpe-Haus, 1990

schützte Villa dominiert auf der Höhe. Von hier aus hat man einen herrlichen Blick über das ganze Dorf und bei Föhn auch aufs Gebirge. Das Haus wurde 1905 von dem am 12. Juli 1880 in München geborenen Johann Engert erbaut. Er war Justizbeamter, Ortsführer in Stockdorf und von 1919 bis 1923 sowie von 1946 bis 1947 Mitglied des Gemeinderates. Nach seinem Tod im Jahre 1953 wurde ihm zum Andenken die frühere Forststraße in Engertstraße umbenannt.

In unmittelbarer Nachbarschaft zur Turmvilla steht auf der anderen Straßenseite das Zumpehaus Bergstraße 86. In ihm wohnte von 1909 bis zu ihrem Tod im Jahre 1950 Kamilla Zumpe, die Witwe des Generalmusikdirektors und bekannten Wagner-Interpreten Karl Zumpe. »Frau Direktor Zumpe«, wie sie sich gerne nennen ließ, wurde 96 Jahre alt. Die von der Bergstraße, der früheren Wetterseinstraße, den Berg hinaufführende Straße ist nach ihr benannt.

Die Villa von Diessl und Zinkgraf

Vom alten Bahnwärterhäuschen führt die Zumpestraße im rechten Winkel bis an die Grenze zu Krailling. Auf dem letzten Stockdorfer Grundstück baute sich Ende der 1890er Jahre Franz Diessl eine Villa. Sie war das 19. Haus in Stockdorf und stand an einer besonderen Stelle, denn von hier aus hat man einen Ausblick über ganz Stockdorf bis zum gegenüberliegenden Waldrand, und es wird einem so richtig bewußt, wie schmal das Würmtal im Bereich von Stockdorf eigentlich ist.

Franz Diessl war Geschäftsführer bei der Firma Wollenweber, dem ›Königlichen Hoflieferanten‹ für Silberwaren. Wie bereits erwähnt, war er dafür verantwortlich, daß die Bahnstation in Stockdorf an ihrem heutigen Standort errichtet wurde. Seine Tochter Philomena, genannt Meni, heiratete 1903 Fritz Zinkgraf, den Besitzer einer Kunsthändler-Galerie in München am Lenbachplatz. Beide übernahmen das von Franz Diessl gebaute Haus und gestalteten es 1925 nach ihren Vorstellungen um. Es wurde 1979 abgerissen, an der gleichen Stelle errichtete die Zinkgraf-Tochter Martha Raab ein neues Wohnhaus, in dem sie heute noch lebt.

*Die Turmvilla
Engert, um 1930*

Blick vom Diessl- und Zinkgraf-Haus über Stockdorf und die ganze Breite des Würmtals, um 1923. Von links nach rechts: Webasto, Bognerhaus, St. Vitus, Erbhaus

Die Diessl- und Zinkgraf-Villa, um 1910

Erika und Walter Baier mit Ziegen von Herrn Karl Söffner. Im Hintergrund sind die Häuser vom ehemaligen Haberlhof, das Hofmannhaus, das Gemeindehaus, das Heuschneiderhaus, der Fabrikschlot des Metallhammerwerkes und der Turm von St. Vitus. Im Vordergrund das heutige Firmengelände von Webasto.

Haus von Anna Guggemoos Gautingerstraße 22, Foto 1910

Links: Die Turmvilla Henneberger/Benzinger, Tellhöhe Nr. 7, in den 20er Jahren. Erbaut 1906

Rechts: Die Turmvilla von Generalmajor Karl Schupbaum, Tellhöhe Nr. 5

Turmvillenpaar Tellhöhe Nr. 5 und 7 spiegelbildlich. Der Turm von Nr. 7 wurde abgetragen, Nr. 5 ist in der ursprünglichen Form erhalten geblieben und steht unter Denkmalschutz.

St. Vitus von Norden, 1915 über die Würm hinweg fotografiert. Auf dem Bild Herr Karl Söffner, Abteilungsführer bei Webasto. Der Anger ist heute vollkommen mit Fabrikgebäuden bebaut.

Das Holzhäusl von Frau Steininger an der eisernen Würmbrücke. Foto 1923. Abgebrochen Anfang der 90er Jahre

Die Zinckgraf Villa vom Stockdorfer Feld (Mitterweg) aus gesehen. Unterhalb des Hanges verläuft heute die Bergstraße. Foto etwa 1935

Die alte eiserne Würmbrücke von 1877, im Hintergrund links das Haus von Frau Erb und rechts die Zinckgraf Villa.

Die Villa von Anton Koch an der Forstkastenstraße, um 1908

Marke des »Bennohaus-Vereins Stockdorf München«, um 1910

Die Villa von Anton Koch an der Forstkastenstraße, 1995

111

Die Koch-Villa

Wenn man sich die heutige Forstkastenstraße als Grenzlinie denkt, so liegt nördlich das Kraillinger Feld und südlich das Kastenfeld. Die weitläufigen Wiesen und Felder vom Dorfrand bis zum Würmtal-Osthang gehörten im Kraillinger Feld dem Holzgroßhändler Karl Dorn und im Kastenfeld dem Kommerzienrat Anton Koch. Die beiden ließen gemeinsam die Forstkastenstraße anlegen, was die Voraussetzung dafür war, daß Anton Koch dort bauen konnte. So entstand im Jahre 1907 eine für damalige Verhältnisse herrschaftliche Villa mit der Hausnummer 41, jetzt 16. Von Wohlstand zeugt heute noch das schmiedeeiserne Gartentor mit den Kochschen Initialen, das von zwei hohen Säulen eingerahmt wird.

Anton Koch stammte aus einer alteingesessenen Münchener Familie, die am Sendlinger Tor eine Friedhofsgärtnerei betrieb. Er wurde im Jahre 1873 in München geboren, erlernte den Brauerberuf und ließ sich in Weihenstephan zum Braumeister ausbilden. Anschließend arbeitete er in verschiedenen kleineren Brauereien, bis er schließlich bei der Löwenbräu AG landete. Dort brachte er es bis zum technischen Direktor. Beim Aufbau der Brauerei machte er sich besonders um den Bier-Export verdient, wofür er den Titel Kommerzienrat erhielt.

Als großer Gönner erwies er sich, als er es Anfang dieses Jahrhunderts durch eine Grundstück-Schenkung an der Heimstraße ermöglichte, daß der »Bennohaus-Verein München-Stockdorf« dort ein Lehrlingsheim bauen konnte. Der Verein war nach dem

Spaziergang der Familie Koch in Grubmühl, um 1909

heiligen Benno, dem Schutzpatron für Altbayern und München, benannt und verfolgte soziale Ziele. Die Bennostraße und die Heimstraße in Stockdorf ergeben zusammengezogen den Namen »Bennoheim«, wie das Lehrlingsheim von den Dorfbewohnern genannt wurde. Später war es als »Lehrbaustelle Stockdorf« bekannt und heute ist es das »Ausbildungszentrum des Bayerischen Bauindustrieverbandes«.

Kommerzienrat Koch starb im Jahre 1933. Sein 1901 geborener Sohn Anton, später Professor für Zoologie an der Ludwig-Maximilians-Universität München, bewohnte die Villa bis zu seinem Tod. Die umfangreichen Liegenschaften der Kochs sind zum größten Teil im Familienbesitz verblieben.

Blick von Osten an der Forstkastenstraße über das Kraillinger Feld, um 1920

Stockdorf, das »Jaagaheisl« und die Weltgeschichte

Wenn wir sagten »beim Jaagaheisl drobn«, war dies durchaus eine Ortsbezeichnung, die jeder im Dorf verstand. Gemeint war ein kleines, überaus romantisches Holzhaus, das etwa in der Mitte zwischen dem heutigen Standort der evangelischen Kirche und dem Bernauer Schafstadl ganz allein auf der Kante des Würmtalosthanges stand. Das Grundstück, ringsum eingezäunt, reichte im Osten mit seinem Zaun direkt an den Wald des Forst Kasten, und zur Talseite hin befanden sich nur Wiesen und Felder. Das »Jaagaheisl« hatte somit einen bevorzugten Platz und war durchaus für Menschen geeignet, die keine Hektik brauchen konnten, um in Ruhe zu arbeiten. Kein idealerer Wohnsitz als dieser ließ sich vorstellen für die am 27. März 1879 in München geborene Schriftstellerin und Journalistin Karolina Schön, die sich als Wahrerin der »guten alten Zeit« verstand.

Obwohl es in Wirklichkeit kein Jagdhaus war, tat Lina Schön, wie sie sich gerne nennen ließ, doch alles, es als solches erscheinen zu lassen. Das Innere des Hauses erweckte durchaus den Eindruck einer Jagdhütte. An den Holzwänden hingen jede Menge Trophäen. Schießscheiben, Jagdbilder sowie Krüge aller Art fehlten ebenfalls nicht. Auch ihr persönliches Äußere stimmte sie in dieser Richtung ab, denn mit Vorliebe trug sie Jägertracht. So blieb es nicht aus, daß sich Jäger und alles, was sich dafür hielt, bei ihr besonders wohl fühlten. Dorfansässige Revierjäger wie Anton Spiegel und Jakob Ramsteiner waren bei ihr häufig zu Gast. Aber auch der Kreis der fröhlichen ›Filser-Jäger‹ traf sich bei ihr regelmäßig zum Gedankenaustausch. Hin und wieder kam sogar Ludwig Thoma zu Besuch. Zum Kreis der ›Filser-Jäger‹ zählten vor allem Journalisten; der bekannteste unter ihnen war der Pressemann Krieger.

Wie man sich in Stockdorf erzählt, sollen diese Leute die Namensgeber der Bahnrestauration in der Nähe der Bahnhaltestelle gewesen sein. Und das kam so: Johann Mayr, der Besitzer der Gastwirtschaft in der Dorfmitte nahe der Kirche, baute 1904 die Bahnrestauration, welche die ›Filser-Jäger‹ häufig und gern besuchten. Leider hatte Mayr auch nach Jahren noch keinen zünftigen Namen für sein Lokal gefunden. Als die ›Filser-Jäger‹ wieder einmal bei ihm zechten, bat er sie, ihm bei der Namensfindung zu helfen. Die hatten schon einen Einfall. Da das Lokal auf einer Höhe stand, machte einer aus der Runde einfach aus Jux den Vorschlag, es »Tellhöhe« zu nennen. Dies sollte auch der bleibende Name werden, denn seit 1912 hieß das Lokal »Restauration zur Tellhöhe«. Das Ganze hatte aber noch weiterreichende Folgen, denn heute heißt auch der Straßenzug bis an den Wald »Tellhöhe«.

In ihrem »Jaagaheisl« hatte Lina Schön als Heizung nur einen größeren Küchenherd. Deshalb verbrachte sie später nur noch die Sommer dort. Im Winter lebte sie dann bei Max Wallauer in Stockdorf, Gautinger Straße 7, zur Untermiete. Auf dem gleichen Flur lebte in diesem Haus auch das Ehepaar Franz Merkl, mit denen Lina Schön bis zu ihrem Tod im Jahr 1962 gut nachbarliche Beziehungen pflegte.

Um mehr über ein Gerücht zu erfahren, das sich über die Jahre hinweg in Stockdorf hielt, besuchte ich die Merkls im Herbst 1995 in ihrer neuen Wohnung in der Zweigstraße. Sie bestätigten mir die nachfolgende Geschichte, die ihnen von Lina Schön persönlich zugetragen worden war.

Der Russe Wladimir Iljitsch Uljanow emigrierte als Dreißigjähriger am Ende einer dreijährigen Verbannung in Sibirien am 6. September 1900 nach Deutschland, und zwar nach München. Als Vollblutrevolutionär mußte er ständig um sein Leben bangen. Deshalb quartierte er sich mit seiner Mitarbeiterin und späteren Frau Nadeshda K. Krupskaya illegal unter dem Decknamen Mayer in München ein. Bei einem sozialdemokratischen Gastwirt namens Rittmayer fand er Unterschlupf. Kurz darauf nannte sich dieser Emigrant ›Lenin‹ und verfaßte seine berühmte Schrift »Cto delat?« (»Was tun?«). Lenin blieb bis April 1901 in München. Danach reiste er nach London weiter, wo er bis 1917 wohnte.

Seine Schaffenskraft setzte er in erster Linie für die Revolution in Rußland ein, aber auch hier in Bayern witterte er Revolutionsluft. Die Zeiten nach dem Ersten Weltkrieg waren auch in München sehr bewegt. König Ludwig III. war gestürzt worden und befand sich auf der Flucht. Am 7. April 1919 rief man die bayerische Räterepublik aus, verbunden mit dem Aufbau einer »Roten Armee«, die München bald in ihre Gewalt brachte. Die rechtmäßige Landesregierung floh, organisierte aber die sogenannte »Weiße Garde« und löste diese Räterepublik wieder auf. All dies kostete mehr als 1000 Menschen das Leben. Lenin schickte am 30. April 1919 als Vorsitzender des sowjetischen Rates der Volkskommissare ein Telegramm an den Münchner Vollzugsrat der Arbeiter- und Soldatenräte und machte darin präzise praktische Vorschläge, wie der Kampf gegen »die bürgerlichen Henker« siegreich zu Ende gebracht werden könne. Wegen des Kampfes zwischen weißen und roten Truppen in München verfehlte aber das Telegramm seinen Adressaten. Der Münchner Vollzugsrat erfuhr auch nichts von der Solidaritätsadresse Lenins einen Tag später bei den Maifeiern auf dem Moskauer Roten Platz. Da er nur lückenhaft über das Kampfgeschehen in München informiert war, verkündete Lenin in Verkennung der Lage, daß auch die Arbeiterklasse »Sowjetbayerns« diesen Tag erstmals offen feiern könne.

Lenin kam einige Zeit später noch einmal nach München, um in das Geschehen einzugreifen. Man bemerkte ihn aber, und der Boden unter seinen Füßen wurde ihm zu heiß, so daß er untertauchen mußte. Als Versteck wählte er das oben beschriebene »Jaagaheisl« in Stockdorf. Vermutlich half ihm jemand aus dem Journalistenkreis um Lina Schön.

Hätte sich Lenin hier nicht so gut verstecken können – nicht auszudenken, welchen Verlauf das Geschehen in Rußland genommen hätte. – Geistert nicht auch seit Jahrhunderten in Geschichtsbüchern die Sage umher, Karl der Große sei in der Reismühle südlich von Gauting geboren worden? Vielleicht ist es mit dem Versteckspiel von Lenin genauso.

Da Sennebong kummt

Gauting hatte 1914 eine Gemeindedienerstelle geschaffen, an die Reinigungsarbeiten in der Gemeindekanzlei und der Schule gekoppelt waren. Für diesen Posten wurde aus vielen Bewerbungen Herr Bartolomäus Sennebogen ausgewählt. Reinigung roch nach Arbeit und die andere Bezeichnung nach Dienen. So beantragte er kurze Zeit später den Titel »Schutzmann« tragen zu dürfen, was genehmigt wurde. Das konnte sich schon eher sehen lassen; nun war er eine echte Respektsperson, eine Würde in Uniform und unübersehbar mit Spitzhelm und Säbel. Er war in doppelter Hinsicht eine einmalige Erscheinung, denn eine derartige Uniform trug nur er allein, und außerdem gab es vor und nach ihm keinen Gemeindeschutzmann mehr. Er übte diese Tätigkeit zweiundzwanzig Jahre aus, ging 1936 in den Ruhestand und ließ Gauting und Stockdorf schutzlos zurück. Leider durfte er keine Strafzettel ausstellen, das wäre natürlich die Krönung seiner Tätigkeit gewesen.

Wenn er nicht mit Reinigungsarbeiten beschäftigt war, streifte er durch die Gemeindegebiete, oft auch mit seinem Dienstrad. Nichts entging seinem scharfen Ordnerblick, und so richtig in seinem Element fühlte er sich bei Aufmärschen und Fronleichnamsprozessionen. Hier konnte er sich in Szene setzen, wenn er, für Ordnung sorgend, voranschritt. Nun war es eine Tatsache, Dorfkinder wie wir hatten stets ein schlechtes Gewissen. Nachhaltig und mit prüfendem Blick hat er uns gemustert, wenn wir ihm begegneten. Allein schon, wenn er unsere Hosentaschen kontrolliert hätte, hätte er einschreiten müssen, denn meine ständigen Begleiter waren eine Schleuder, Angelzeug und ein Messer, alles Dinge, die sofort eine Straftat vermuten ließen. So war es eigentlich nur zu verständlich, daß wir vor dem Sennebogen dauernd auf der Hut waren. In Stockdorf tauchte er meistens mit seinem Dienstrad auf. Seine uniforme Erscheinung flößte zwar Respekt ein, andererseits ließ er sich aber so schön ärgern.

Dies war eine Eigenschaft, die wir ausnützten, zumal er sich um viel zu viele Kleinigkeiten kümmerte, was uns ärgerte. So fand eine ständige gegenseitige Kontrolle statt; wir wußten fast immer, wo er sich gerade aufhielt, und, kam er einmal wirklich überraschend, erklang sehr bald der Ruf, der zum geflügelten Wort werden solle »da Sennebong kummt«. Damals gab es in ganz Stockdorf vielleicht fünf Autos, eines davon, ein Kabriolett, gehörte der Frau Gruber. Sie fuhr damit ins Dorf zum Einkaufen. Wenn sie fertig war, warteten wir bereits bei ihrem Auto vor dem Konsum, jeder bekam ›a Guatl‹ und dann durften wir auf dem Rücksitz Platz nehmen und bis zur Roßschwemme mitfahren, wo sie wohnte.

Wegen der geringen Verkehrsdichte machten wir alle Straßen zu Spielstraßen. Damals war nur die Hauptstraße, die von Krailling nach Gauting durch Stockdorf führt, geteert und somit die einzige staub- und schlaglochfreie Straße. Im Winter fuhr ein von Pferden gezogener Holzschneepflug. Er räumte zwar den meisten Schnee beiseite, ließ aber eine dünne, glattgedrückte Schicht zurück. Das war die Gelegenheit, die Schlittschuhe anzuschrauben und uns an der sehr engen Jaußkurve auf die Lauer zu legen. Es dauerte meist nicht allzulange, bis das erwartete Bierauto in Sicht kam. Es hatte noch Kettenantrieb und fuhr durch die Kurve besonders langsam. Dies nutzten wir, starteten schnell und hängten uns an. Wir genossen eine herrliche Winterfahrt, meistens bis zur Längenau. Es war natürlich verboten und somit ein Fall für den Sennebogen. Er konnte uns jedoch nicht einholen, so daß wir einfach hängen blieben und zuhörten, wie er schimpfte.

In Garmisch gab es eine bekannte Bobbahn mit der berühmten Bayernkurve. Diese Kurve nahmen wir uns zum Vorbild für unsere Bobbahnanlage, die ihren Anfang auf der Tellhöhe hatte. Wir gingen mit großer Sorgfalt an die Sache heran. Zunächst spritzten wir Wasser auf die Fahrbahn und legten beim

Übergang vom Tellhöheberg zum Bahnberg eine überhöhte Kurve an. Das war dann unsere Bayernkurve. Am Abend, wenn der Frost einsetzte, spritzten wir nochmals Wasser und bekamen so ein wunderbares Spiegeleis. Nun konnte das Bobrennen beginnen; da es dann dunkel war, bekam das Ganze einen besonderen Reiz. Wir hängten zwei bis drei Schlitten zusammen, nahmen Schwung, und ab ging die Fahrt. Die Besten kamen fast bis zur Würm; für die meisten aber war sie schon beim Kaufhaus Fischer zu Ende. Das ganze Unternehmen war nicht ungefährlich, weniger für uns, aber für die Leute, die vom Zug kamen. Besonders unsere Bayernkurve war für viele ein unüberwindliches Hindernis. Klagen aus der Bevölkerung blieben nicht aus, und so wurde die Angelegenheit geradezu ein klassischer Fall für den Schutzmann Sennebogen. Hier hatte er sogar ein spezielles Gemeindegesetz hinter sich. Bereits im Jahre 1925 erließ die Gemeinde ein Verbot gegen Schlittschuhlaufen und Rodeln auf öffentlichen Straßen und Plätzen. Aus gegebenem Anlaß mußte dieses Verbot bis 1932 noch zweimal erneuert werden.

Es war uns bewußt, was wir taten, sonst hätten wir keine Wachen aufgestellt. Wenn der Sennebogen dann aufkreuzte, erklang laut hörbar der bekannte Ruf, und sofort waren wir wie vom Erdboden verschwunden.

Damals gab es an der Hauptstraße nach Gauting Äpfel- und Birnbäume, die als Allee gepflanzt waren. Die Früchte gehörten dem Strasser, aber das störte uns nicht weiter. Die meisten dieser Äpfel und Holzbirnen waren nicht eßbar. Trotzdem versuchten wir sie immer wieder, verzogen das Gesicht und spuckten alles wieder aus. Einige dieser Bäume hatten aber durchaus schmackhafte Früchte. Diese kannten wir, ebenso der Strasser, der sich der Unterstützung durch den Sennebogen sicher sein konnte. So ging es bald weder um Äpfel noch um Birnen, sondern nur um das Spiel mit dem Sennebogen.

Seine schmucke Uniform war für ihn kein Vorteil, denn sie warnte uns bereits von weitem.

Der Schulersteg, im Hintergrund das Hirschvogel-Haus, um 1940

Unsere Kolonien

Zur Gemeinde Gauting, mit der Stockdorf seit 1808 vereinigt ist, gehört seit Anfang dieses Jahrhunderts eine Villenkolonie mit Waldpromenade, die fast so groß ist wie das damalige Stockdorf. Sie wurde westlich der Bahnlinie auf einer Fläche von 60 Hektar angelegt. Da klingt es schon fast vermessen, wenn auch wir Stockdorfer bei der Größe unserer Kolonie von einer solchen sprechen. So wurde sie zwar nicht offiziell genannt, aber wir im Dorf meinten damit das Gebiet beiderseits der Bahnlinie, nämlich die »Tellhöhe« und das Gebiet gegenüber sowie die Alpenstraße und den Kreuzweg.

Der ›Harter Lugge‹, unser Bäcker Ludwig Harter, legte sich ja auch nicht unseretwegen einen Brückenwagen mit Pferd zu, um Milch und Brot liefern zu können, sondern nur, wie wir damals sagten, »wega dene da drobn in da Kolonie«. Im Lexikon wird eine Kolonie beschrieben als eine »Niederlassung von Fremden in Dörfern eines fremden Landes«. Und in der Tat ließen sich wirklich nur Fremde in unseren Kolonien nieder, meist stammten sie auch aus einem fremden Land: Preußen nämlich. Man bedenke, Bayern war damals noch Königreich.

Heute hat sich das Gebiet westlich der Bahn um die Maria-Eichstraße vergrößert, Wohnblöcke und Reihenhäuser sowie ein Sportplatz kamen hinzu, und niemandem fällt es mehr ein, von dieser Gegend als einer Villenkolonie zu sprechen.

Blick vom Schulersteg in den Weidingeranger. Im Hintergrund das Haus von Johann Hirschvogel, in der Zugspitzstraße 102. Vorne Frau Kick mit ihren Töchtern.

Ganz anders verhält es sich mit unserer zweiten Kolonie. Sie ist zwar von bescheidenem Ausmaß, wurde aber immer schon als Kolonie bezeichnet und war von Anfang an als solche geplant. Im Süden von Stockdorf gelegen, wird sie von der Gautingerstraße und der Würm begrenzt. Die Gebrüder Oscar und Bernhard Schuler entwarfen sowie verwirklichten sie und gaben ihr auch ihren Namen. Die beiden Inhaber des Bankhauses Schuler in der Promenadenstraße 6/I in München beantragten am 24. April 1903 die Festlegung von Vorgartenlinien. Die Grundstücke der Schulers lagen im wesentlichen beiderseits der heutigen Schulerstraße. Am 16. Mai 1905 wurde der sogenannte Schulerplan genehmigt. Bald baute man dort einzelne Häuser, aber das Geschäft lief nicht richtig an. Um den Grundstücksverkauf zu fördern, errichteten die Schulers bereits 1912 einen Steg über die Würm, der den Weg von der neu entstehenden Siedlung zur Bahnhaltestelle erheblich verkürzte. Die Baugenehmigung für den Steg erfolgte nur widerruflich und war mit Auflagen verbunden. Unter anderem mußten die Schulers ständig für den Unterhalt sorgen und eine Tafel mit der Aufschrift »Kein allgemeiner Durchgang« anbringen.

Da der Grund auf der linken Uferseite der Blattmetall AG gehörte, brauchten die Brüder auch von dieser eine Erlaubnis. Diese behielt sich das Recht auf Beseitigung des Steges vor, wenn die Auflagen nicht erfüllt würden.

Nachdem der Steg 1924 in äußerst schlechtem Zustand war und auch die Tafel fehlte, wurde seine Beseitigung verlangt. Er wurde aber in Eigenregie repariert und bestand weiter. Mit dem Tod der Gebrüder Schuler im Jahr 1933 fehlten dann die Vertragspartner, und die Gemeinde übernahm den Schulersteg und gestaltete ihn 1974 in der gegenwärtigen Form.

Ein Moorbad ohne Moor

Es gab noch einen dritten ›Großgrundbesitzer‹ im Koloniebereich: Fritz Jakobus oder besser Jakobus Fritz, wie wir ihn nannten. Er betrieb gegenüber der Schulerkolonie, also am linken Würmufer, eine Badeanstalt. Dafür nutzte er die Überlaufmulden des Flusses am Harter Anger und gleich hinter der Grubmühle. An ihren Ufern baute er eine größere Anzahl Umkleidekabinen sowie einen Kiosk, in dem er Limonade, Kaffee und seine Spezialität, frische ›Schmoiznudeln‹, verkaufte. Die Badeanstalt entwickelte sich nach dem Ersten Weltkrieg zu einem bekannten Ausflugsziel besonders für die Münchner. Wurden die Mulden überflutet, konnte man ein richtiges Warmbad nehmen. Das Wasser war zwar ziemlich trübe und wirkte daher nicht gerade einladend, aber Jakobus pries es einfach als ›Moorbad‹ an. Anschließend konnten sich die Badegäste ja in der kühleren Würm wieder reinigen und erfrischen. Das damals klare Würmwasser hatte noch Trinkwasserqualität.

Der Weg vom Bahnhof zum Bad war gut beschildert. Er führte den Bahnberg hinunter und zweigte dann ab in die Waldstraße. Gleich an der Abbiegung hatte der Schuster Schwab sein Haus. Neben seiner Schusterei betrieb er hier auch einen Kiosk. Dabei profitierte er von den Badegästen, die aus München kamen und seinen Laden passieren mußten. Niemand weiß so recht warum, aber der Schwab und der Jakobus waren sich nicht grün. Der Unternehmer Jakobus gönnte dem Schwab das Zusatzgeschäft durch seine Badegäste einfach nicht. Er entfernte deshalb kurzerhand das Hinweisschild für die Badeanstalt, das an der Ecke Bahnstraße stand und brachte es nahe der Unterführung der Bahnhaltestelle so an, daß es den Weg zum Bad über die Tellhöhe und nicht mehr an Schwabs Kiosk vorbei wies. Zwar mußte er im Wald einen neuen Weg schlagen, doch das war ihm die Sache schon wert. So vermieste er dem Schwab das Geschäft, denn die Zugfahrer gingen nun den neuen Pfad.

Dem Jakobus fiel auch sonst einiges ein. Er schenkte der Gemeinde Gauting in nicht ganz uneigennütziger Weise ein Grundstück an der Würm. Dort sollte eine Brücke zu seinem ›Moorbad‹ entstehen, zu deren Bau es jedoch nicht kam.

Im Jahre 1918 zog Martin Kinshofer aus Schaftlach bei Bad Tölz nach Stockdorf und arbeitete zunächst in der Metallschlägerei. 1921 kaufte er von Jakobus ein Grundstück, und bei dieser Gelegenheit bot ihm dieser auch Arbeit an. Seitdem war Kinshofer an den Sonntagen in der Badeanstalt als Kassier tätig und verdiente sich nebenbei noch ein paar Mark. Eines Sonntags nahm die Köchin Babette Edenhofer aus München ein erfrischendes Bad; sie heiratete Kinshofer dann kurzentschlossen im Jahre 1922. Im gleichen Jahr baute er auf seinem Grundstück in der Würmstraße 114 ein Haus.

Jakobus war vielseitig und fleißig. Neben seiner Badeanstalt besaß er zwei Viehtransporter, mit denen er hauptsächlich aus der Traunsteiner Gegend Großvieh für den Schlachthof in München holte. Zur damaligen Zeit konnte man die Zahl der Kraftfahrzeuge in Stockdorf noch an einer Hand abzählen. Da schauten die Leute noch auf, wenn so ein Vehikel daherkam. Die Fahrzeuge waren damals noch nicht auf dem technischen Niveau wie heute. Der Motor mußte mit einer Kurbel angeworfen werden, und so hörte man den Jakobus Fritz jeden Morgen weithin fluchen, wenn die Motoren seiner Transporter nicht anspringen wollten.

So wie Jakobus an Kinshofer Grund verkauft hatte, verhökerte er in relativ kurzer Zeit seinen gesamten Grundbesitz, darunter auch von ihm bereits bebaute Flächen. Für ihn selbst blieb nur ein schmaler Streifen Land übrig. Dabei muß erwähnt werden, daß Jakobus auch Bauunternehmer war. Sein Baugeschäft befand sich im Haus des heutigen Café Stockdorf.

Sicher hat die Inflation ihren Teil zu seinem Ruin beigetragen, den Hauptanteil daran hatte aber eher

Das Stockdorfer Feld in Krailling mit Mitterweg. Im Hintergrund die Brauerei Krailling.

Jakobus' Leidenschaft für Bier. Aus seiner ständigen Angst, sein Biervorrat könnte zur Neige gehen, marschierte er täglich mit seinem Rucksack zur Brauerei Krailling und sicherte seine Versorgung.

So gehörte dem Jakobus Fritz, einst ein wohlhabender Mann, zum Schluß nichts mehr, er starb 1945 mit 75 Jahren als armer Mann. Das einzige, was ihm noch geblieben war, sein Sohn, wurde ihm auch noch genommen; er kehrte nicht mehr aus dem Zweiten Weltkrieg zurück. Wegen seiner Großzügigkeit der Gemeinde gegenüber wurde Fritz Jakobus zu Ehren in der Schulerkolonie eine Straße ›Jakobusstraße‹ benannt, die noch lange an ihn erinnern wird. Die Badeanstalt ging 1925 in den Besitz des Münchner Architekten Weimer über. Dieser stellte den Betrieb nach massiven Einsprüchen der gegenüberliegenden Grundeigentümer 1926 wieder ein.

Badefreuden und die Waschbrückerl

Meine Überschrift lautet »Badefreuden«, und ich will aus der Zeit zwischen 1930 und 1942 berichten. Diese Freuden stehen natürlich in direktem Zusammenhang mit der Sauberkeit des Wassers. Mein Urgroßonkel Toni holte sich noch 1932 sein gesamtes Trinkwasser aus der Würm. Abgekocht war es überhaupt nicht schädlich. Ich habe auch oft gesehen, wie er seinen Durst mit echtem, frischen, klaren Würmwasser löschte. Das kann ihm nicht geschadet haben, denn er erreichte immerhin ein Alter von 97 Jahren.

Solange die Würm den Starnberger See einigermaßen sauber verließ und es ihr gelang, Gauting als erstes größeres Siedlungsgebiet ohne nennenswerte Beeinträchtigung zu durchfließen, kam ihr Wasser bei uns in Stockdorf noch in recht gutem Zustand an. Für die Würmanlieger stellte es schon eine große Versuchung dar, einfach ein Rohr in die Würm zu verlegen und damit alle Abwassersorgen los zu sein. Die Rohrstutzen am Ufer konnte man überall sehen, so leitete auch die Metzgerei beim ›Gasthaus zur Post‹ die Schlachtabfälle in den Fluß. An der Einlaufstelle legte ich mich oft auf die Lauer und beobachtete, wie die Fische diese Sonderrationen dankbar annahmen. Das Nahrungsangebot war in diesem Bereich so groß, daß man mit der Angel beim Fischen überhaupt keine Chance hatte.

Die Selbstreinigungskraft der Würm sorgte damals noch dafür, daß solche Einleitungen keinen größeren Schaden anrichten konnten. Dadurch war es möglich, daß wir überall uneingeschränkt baden konnten. Obwohl wir Stockdorfer das Kraillinger Familienbad direkt vor der Haustür hatten, bevorzugten wir doch das freie Baden. So erfreuten sich einige Stellen einer ganz besonderen Beliebtheit. Zu diesen gehörte der Bereich hinter der ›Goldschlägerei‹ sowie das Ufer unterhalb des Fickhaussteges und auch der Harter Anger, der damals noch häufig überschwemmt wurde und von uns wie ein Badesee genutzt werden konnte.

Vom Harter Anger aus machten wir auch oft einen Langstreckenschwumm, er führte uns unter dem Schulersteg hindurch, dann passierten wir die geheimnisvolle Kurve beim Hirschvogel, und weiter ging es am »Schlößl« vorbei durch die Roßschwemme, bis wir unser Ziel, den Fickhaussteg, erreicht hatten. Der war immer ein vielbesuchter Sammelpunkt. An dieser Stelle wirkte sich bereits der Stau am Wehr der Goldschlägerei aus; das Wasser war einigermaßen tief, und wir konnten ohne Gefahr vom Geländer des Steges aus einen Hechtsprung wagen. Die Strömung war allerdings immer noch so stark, daß man ständig abgetrieben wurde, und deshalb galt die Devise ›rein ins Wasser, raus aus dem Wasser‹. Naß und schlotternd verbrachten wir dann die Pausen, eng aneinandergereiht auf dem Geländer des Steges sitzend.

Der beliebteste unter den Badeplätzen war aber ohne Zweifel der Bereich hinter der Goldschlägerei. Wir im alten Haus wohnten ›vor Ort‹ und konnten diese Stelle besonders bequem erreichen. Zäune gab es damals noch wenige, wir durften ohnehin überall durchgehen, und so erreichten wir die Würm bereits nach dreißig Metern. Wir schwammen ans andere Ufer, gingen ein paar Meter flußaufwärts, und vor uns lag wohl eines der schönsten Wellenbäder im ganzen Landkreis. Ein Bad sozusagen für gehobene Ansprüche. Überall war der Boden betoniert und sorgte dadurch für zusätzlichen Komfort. Überhaupt kam dort unverzüglich Abenteuerstimmung in uns auf, denn es gab viele Möglichkeiten, Mut zu beweisen.

Die Hauptattraktion war zweifellos die Schütz. Aus ihr schoß das Wasser mit großer Geschwindigkeit und Wucht heraus und bildete einen enormen Wellengang. Nun galt derjenige als besonders mutig, der es schaffte, in den Raum vorzudringen, in dem der Wasserfall entstand. Dies war durchaus möglich, es schaffte aber nicht jeder. Man mußte sich ganz eng an die Betonwand pressen und sich langsam in den Raum vorarbeiten, bis man das Holzpodest erreichte, auf das das Wasser zunächst aufprallte. Wir konnten auch in den Hohlraum des Wasserfalles gelangen und dort für einige Zeit in Siegerpose verweilen. Wieder hinauszukommen, war nicht schwer: Luft anhalten und in die Strömung stürzen, alles andere ging von selbst.

Das Wellenbad hatte noch einen ganz besonderen Vorteil. Das herausschießende Wasser erzeugte nach etwa 30 Metern einen Gegenstrom, was wir nutzen konnten, um nicht flußabwärts getrieben zu werden. Das war besonders wichtig, wenn wir ›Fangsterl‹ spielten, eine Art Hetzjagd. Dann mußte man einen der vielen Betonsockel erklimmen. War der Fangende nachgeklettert, rettete nur ein kühner Kopfsprung unter die Wellen vor dem Erwischtwerden. Die Sockel und Vorsprünge eigneten sich außerdem besonders gut für eine Rast und zum Sonnenbaden.

Der Badebereich an der Schütz war natürlich nicht ganz ohne Gefahr. Heute denke ich manchmal mit gemischten Gefühlen zurück. Es ist zwar nie jemand ertrunken, ich kann mich aber erinnern, daß die Größeren zweimal einen Jungen aus dem Wasser gefischt haben.

In Stockdorf gab es natürlich auch Leute, die zwar gerne in der Würm baden wollten, die aber leider nicht mehr über so makellose Figuren verfügten, wie wir sie noch vorweisen konnten. Jedenfalls wollten diese Leute nicht unbedingt ihre Körper den Blicken der Öffentlichkeit preisgeben.

Es fand sich aber eine gute Lösung: Sogenannte Badehütten entstanden. Zwei Eisenträger, fest am Ufer verankert, reichten etwa zwei Meter auf die Würm hinaus. Auf diese Schienen waren vier Bretterwände montiert, und die Seite zum Ufer hatte eine Tür. Es gab kein Dach, und nach unten waren diese Hütten sowieso offen. Innen befand sich ein schmales Podest, auf dem man stehen und sich auskleiden konnte. Eine ebenso schmale Holztreppe führte ins Wasser. Quer zur Stirnseite war eine Haltestange angebracht, an der sich die Badegäste festhalten und so eine wohltuende Strömungsmassage genießen konnten.

Diese Badehütten waren für jedermann zu mieten. An einige von ihnen kann ich mich noch gut erinnern. So stand jeweils eine beim Henghuber, beim Nuscheler und am Kochweiher. Früher hatten auch im Bereich des Harter Angers mehrere gestanden. Aber sie hatten sich nicht rentiert, und so verschwanden sie wieder.

Feste Einrichtungen an der Würm waren die Waschstege oder Waschbrückerl, wie wir sie nannten. Diese fand man an fast allen bewohnten Ufergrundstücken. Die Bauweise war ganz einfach. Nahe am Ufer rammte man im Wasser zwei Pfähle in den Grund und verband diese mit einem Querbalken. Nun wurden Bretter verlegt, die auf der einen Seite am Ufer und auf der anderen auf dem Querbalken auflagen. Dadurch entstand eine Plattform, die etwa einen Meter in die Würm reichte und so hoch angeordnet war, daß man auf ihr kniend ohne Mühe ans Wasser kam. Die Benutzung geschah natürlich auf eigene Gefahr. Wer Schwindelanfälle befürchten mußte, mied sie lieber, sonst ging es kopfüber ins kühle Naß.

Einmal ging ich über die große Würmbrücke und schaute hinunter zum Bogner, wo Frau Müller gerade beim ›Waschschwoam‹ war. Sie war anscheinend nicht schwindelfrei, fiel ins Wasser und konnte sich gerade noch an einem Pfahl festhalten. Frau Müller war ein ›schwerer‹ Fall, zudem nun naßglitschig, so daß ich nicht in der Lage war, sie herauszufischen. Ich konnte nur furchtbar laut brüllen, was schließlich gehört wurde.

Nicht nur die Uferanlieger machten von den Waschbrückerl Gebrauch, sie waren wohl derart vorteilhaft, daß die Leute auch einen längeren Weg nicht scheuten. Jahrelang sah ich die Harter Viki ihre Wäsche bei uns vorbeikarren. Das Würmwasser war sauber, und es mußte schon viel Wasser aus der Leitung entnommen werden, um den gleichen Erfolg zu erzielen.

Würmpartie vom Fickhaussteg aus, mit »Schlößl«, Reißmeier- und Gruber-Haus, um 1920

Das Nuscheler-Haus mit Badehütte, um 1935

Da oide Engelbert und Sonstiges

Auf dem Platz der heutigen Gemeindesparkasse stand früher, etwas rechts davon, das Henghuberhaus. Hinter diesem Haus erstreckte sich eine ziemlich tiefe Mulde von der Würm bis fast zum Mitterweg. Ganz in der Nähe gab es noch den Riedelsheimeranger und eine weitere Mulde im Webastogelände.

Bei Hochwasser ergoß sich das überschüssige Wasser in diese Mulden, und auch bei starkem Frost, wenn das Grundeis das Wasser über die Ufer hob, nahmen diese Mulden den Naturerscheinungen ihren Schrecken.

Die Mulde hinter dem Henghuberhaus war für uns Kinder ein ganz besonders beliebter Platz zum Schlittenfahren. Sie eignete sich hervorragend, denn sie hatte zwei nahe, gegenüberliegende Hänge. Dadurch war es möglich, daß wir den einen Hang hinunterfuhren und mit dem Schwung den Gegenhang bereits zur Hälfte wieder hinaufkamen. Das war nicht ganz ungefährlich, denn es gab Gegenverkehr. Nirgends hörte man aus dem allgemeinen Kindergeplärr heraus so oft, »aus da Boh – wer need scheiß'n ko«.

Die alte Frau Henghuber war mit diesem Schlittenbetrieb überhaupt nicht einverstanden und verscheuchte uns, so oft es ging. So lösten sich Vertreibung und Wiedereroberung ständig ab, bis sie schließlich den Kampf aufgab.

Seit 1918 war im Henghuberhaus das Kolonialwarengeschäft Stoßberger untergebracht. Meist bediente Frau Stoßberger, eine etwas behinderte, gutmütige Frau. Es machte ihr bereits Mühe, aus den hinteren Regalen etwas zu holen. Auch wir gingen beim Stoßberger einkaufen. Der Wochenendeinkauf am Samstag war bei meinem Bruder und mir genau geregelt und beliebt. Schuld war Frau Stoßberger mit ihrer besonderen Werbung. Ausgerüstet mit einer großen Tasche und einer Einkaufsliste kauften wir ein. Sie packte die Sachen in die Tasche und als letztes sagte sie, »so Ludwig, des gehört dir«. Es war jedesmal ein Waffelbruch, der fünf Pfennige gekostet hätte, und das war schon etwas Besonderes. Leider hat dieser Waffelbruch den Heimweg nie überlebt. Übrigens, Frau Stoßberger war eine der wenigen, die mich mit Ludwig anredete.

Nun muß ich aber zum Engelbert kommen, der ebenfalls im Henghuberhaus wohnte. Wohnung konnte man zu seiner Behausung nicht sagen, es war eher eine Schlafstelle. Der Engelbert war bestimmt eine besondere Stockdorfer Erscheinung und vom Straßenbild nicht wegzudenken. Sein täglicher Weg führte ihn von seiner Behausung zur Wirtschaft und wieder zurück. Er trug immer die gleiche Montur, die aus einer viel zu weiten, abgetragenen Hose, einem blauen Schurz, der einseitig hochgebunden war, und einer dunklen Joppe bestand. Auch ein Hut mit breiter Krempe gehörte stets zu seiner Kleidung. Besonders originell waren seine Schlappschuhe, die beim Gehen ständige Bodenberührung behielten. Sein Gang war behäbig, und es machte den Eindruck, daß er nie einen Fuß vor den anderen setzte, sondern seine Füße stets hinter sich nachzog. So bahnte er sich, den Blick immer auf den Boden gerichtet, langsam und in aller Ruhe seinen Weg zum Wirt. Trotzdem brachte er aber seinen Spazierstock schwungvoll zum Einsatz. Wenn er so ging, hörte man von Zeit zu Zeit einen tiefen Brummer. Grüßte man ihn, war so ein Brummer nur etwas lauter; für ihn war, wie man so sagt, alles gelaufen. Er hatte ein langes und schweres Arbeitsleben hinter sich, einen Großteil davon verbrachte er in der Goldschlägerei.

Eine Begebenheit charakterisiert ihn ganz besonders. Es gab in Stockdorf fast niemanden, der nicht ins Holz fuhr, und so eben auch die alte Frau Steininger, ein kleines hageres Weiberl. Sie lebte für sich in einem kleinen Holzhäusel neben der Würmbrücke. Nie hörte man sie klagen, und sie war zu jedermann freundlich. Holz, das sie sammelte, brauchte sie nicht zu kaufen und das entlastete ihre spärliche Rente. Sie war wirklich fleißig, das konnte man an den Holzvorräten sehen, die sie an den Außenwänden ihrer Behausung aufgeschichtet hatte. Obwohl sie immer nur ein kleines Wagerl hinter sich her zog, was andere mit einer Hand mühelos bewältigten, brauchte sie ihre beiden Hände und mußte sich auch dann noch richtig plagen. Schon lange konnte sie nicht mehr über die Bahn in den Kreuzlinger Forst, denn da gab es ein großes Hindernis, den Bahnberg. Allein das leere Wagerl war schwer hochzuziehen, und beim Rückweg schob es vollbeladen so kräftig, daß es für sie gefährlich wurde. Der Forst-Kasten war für sie da schon viel geeigneter, denn von dort ging es ganz sachte ins Dorf. So fuhr sie wieder einmal vollbeladen heim, und man merkte, daß es diesmal sichtbar über ihre Kräfte ging. Den größten Teil des Weges hatte sie bereits geschafft, aber die letzten hundert Meter ging es noch einmal etwas bergan und sie mußte rasten. Sichtlich erfreut, sah sie den Engelbert entgegenkommen, ihren vermeintlichen Retter aus dieser Not. Frau Steininger setzte ein freundliches Lächeln auf, grüßte ihn und sagte, »jetzt bin ich aber richtig froh, daß du grad daherkummst, kannst ma need a bißal schiam hoifa«. Der Engelbert brummte, wie er immer brummte und sagte dann, »häds da need so vui aufglegt«, und ging einfach weiter.

Sein Ziel war ja die Wirtschaft, wo seine Altenarbeit auf ihn wartete. Dort kehrte er sogar hin und wieder den Hof, vor allem aber half er in der Gassenschänke aus, wo für ihn so manches Tropfbier abfiel.

Eigentlich konnten wir uns zu Hause kein Bier leisten, aber einige Male im Jahr schickte uns Vater doch um eine ›Halbe‹ zum Wirt. Wir zogen also mit einem Maßkrug los zur Gassenschänke, verlangten eine ›Halbe‹ in der Hoffnung, daß wir ›drei Quartel‹ bekommen. Ich kann mich nicht erinnern, daß diese Rechnung nicht aufging und wir enttäuscht wurden. Der Engelbert ließ eben auch andere mitkommen, es durfte sich nur nicht um Arbeit handeln.

Allerlei Wichtiges

Als Kinder mußten wir damals noch nicht so viel Freizeit spielend überbrücken wie die Kinder heute. Schon früh wurde ein großer Teil mit Arbeit ausgefüllt. Aber auch für die freie Zeit waren im heutigen Sinn nur ganz wenige Spielsachen vorhanden. Vielleicht war dies sogar gut, denn nur ein Mangel beflügelt die Phantasie und regt an. Selbermachen und sich selbst Beschäftigen war gefragt, denn von unseren Eltern konnten wir nichts erwarten. So wie heute normalerweise Eltern mit ihren Kindern spielen, war es in unserer Zeit nicht möglich, denn Vater und Mutter waren rund um die Uhr beschäftigt. Also waren wir gezwungen, selber etwas zu erfinden oder aber Bewährtes bei den Älteren abzuschauen.

Da gab es bereits eine Anzahl erprobter Standardmodelle. Zu diesen zählten mit Sicherheit Pfeil und Bogen sowie eine Steinschleuder. Schließlich waren wir freie Kinder und mußten uns jederzeit gegen Angriffe aus Gauting oder Krailling verteidigen können. Es gab ja Zeiten, da war das Verhältnis zwischen uns Stockdorfer Kindern und insbesondere den Gautingern ziemlich gespannt. Wenn es nicht unbedingt sein mußte, mieden wir Gauting. Hin und wieder mußten wir aber doch dorthin, zum Beispiel in die Kirche zum Beten. Da kam es dann schon vor, daß wir einige Vaterunser mehr beteten, wenn draußen schon die Gautinger auf uns lauerten.

Pfeil und Bogen waren relativ leicht zu bauen. Eine gut gewachsene Haselnußgerte, etwa zwei Zentimeter dick, wurde auf einen Meter gelängt, an den Enden eingekerbt und mit einer Schnur gespannt. An jedem Weiher gab es Schilf. Wir schnitten vierzig bis fünfzig Zentimeter lange Schilfrohrstücke zurecht und machten an einer Verdickungsstelle einen keilförmigen Einschnitt, womit sie gut in die Schnur eingelegt werden konnte. Für diese Pfeile brauchten wir noch eine Spitze; dazu verwendeten wir acht Zentimeter lange Stücke einer Hollerstaude. Frische Hollerstaudentriebe haben ein sehr weiches Mark und lassen sich gut auf das Schilfrohr schieben. Diese Spielsachen waren nicht ganz ungefährlich, und wir brauchten, damit nichts passierte, oft ein wenig Glück.

Die Steinschleuder gehörte mit Sicherheit in die Gefahrenklasse eins. Für eine Schleuder brauchten wir zunächst ein gleichmäßig gewachsenes Astgabelstück. Um ein geeignetes zu finden, mußten wir oft lange suchen. Auch hier eignet sich eine Haselnußstaude am besten. Das Gabelstück wurde handgerecht zugeschnitten und die zwei Gabelenden eingekerbt. »An dene Kerbn hama mid an Spogad (dünne Schnur) an Gummi festgemacht.« Als Gummi eignete sich Vierkantnaturgummi sehr gut. Der kostete aber Geld, und da wir selten gut bei Kasse waren, behalfen wir uns meistens mit einem Gummi für Einmachgläser. Die freien Enden wurden mit einer Lederlasche überbrückt. In diese Lasche konnte nun ein Stein oder ein Schusser gelegt und durch Spannen des Gummis ins Ziel geschossen werden. Bei einiger Übung war eine große Treffsicherheit gewährleistet.

Das Frühjahr, wenn der Saft in die Bäume schoß, war die Zeit zum ›Pfeiferl klopfa‹. Gut geeignet war hier Eschen- oder Weidenholz. Wir schnitten ein etwa zwei Zentimeter dickes Aststück ab. Dieses wurde zunächst in Form einer Flöte zugeschnitzt, und das so geformte Mundstück bekam eine Einkerbung für den Luftaustritt. Nun folgte der schwierigste Teil der Arbeit. Mit einem Messerschaft klopften wir so lange unter ständigem Wenden auf die Rinde, bis sich diese vollkommen vom Kernstück abziehen ließ. Sie durfte nicht beschädigt sein, also keine Risse haben. Das vordere Teil des Mundstückes schnitten wir ab und setzten es wieder in das Rindenstück ein. Das längere Teil wurde mit Speichel benetzt und ebenfalls in die Hülle eingeführt. Es war in der Hülle aber verschiebbar. Durch dieses Verschieben konnten hohe und tiefe Töne erzeugt werden.

Der Herbst war die Zeit der Drachen. An einen gekauften Drachen kann ich mich überhaupt nicht erinnern. Es gab grundsätzlich ›Eigenbau‹. Zunächst besorgten wir uns Drachenleisten und fertigten daraus ein Gestell, meist in Kreuzform. Dieses wurde rundum mit Spagat umspannt. Farbiges Drachenpapier mußte aber gekauft werden; es war nicht einfach, die zehn Pfennige, die es kostete, bei unserer Mutter locker zu machen. Das Papier wurde auf das Kreuzgestell zugeschnitten und an der umspannten Schnur festgeklebt. Wir rührten Mehl und Wasser zu einem Brei und bekamen einen ›Mehlpapp‹, der sich als Klebstoff gut eignete. An drei Stellen wurde nun eine Schnur befestigt, zu einem Punkt zusammengeführt, das Ganze ausgewogen und mit der langen Schnur verbunden. Der Drachen bekam noch einen Schwanz, damit er stabiler flog. Was nun noch fehlte, war der Wind. Kam dieser auf, dann sind wir zum »Drache steing loßn ganga«. Technisch waren diese Drachen wahrscheinlich nicht ausgereift, denn oft war bereits beim ersten Steigversuch alles zu Ende. Bei einer entsprechenden Windböe stieg der Drachen zwar rasch hoch, machte dann aber einen Bogen und prallte mit der Spitze dorthin, wo er hergekommen war und brach sich dabei einige Rippen.

Es gab da noch viele Spiele, die mit weniger Aufwand möglich waren. Immer wiederkehrende Spiele waren da Fangsterln-Gucksterln-Schussern-Platschgen-Pickeln-Kreisltreiben-Radlfelgen schieben oder Kinderwagenradl am Stecken führen.

Außerdem trieben wir noch einige Spiele, von denen ich nicht gern erzähle, weil ich mich dafür heute noch schäme. Es war ganz einfach eine Tierquälerei, da gibt es nichts zu beschönigen.

Beliebt war das Grillen rauskitzeln. Am Waldberg draußen legten wir uns auf die Lauer und warteten, bis eine Grille anfing zu zirpen. Es war gar nicht so einfach, sie ausfindig zu machen, denn sie war schnell wieder in ihrem Loch, wenn sie nur das Geringste merkte. Mit etwas Ausdauer entdeckten wir aber doch das Loch. Wir nahmen dann einen längeren Grashalm und stocherten so lange in das Loch, bis es der Grille zu dumm wurde und sie herauskam. Einer so herausgekitzelten Grille taten wir zwar nichts, schauten sie nur an, spielten etwas mit ihr und ließen sie wieder frei.

Ein anderes, beliebtes Unterfangen war das Bremsen-steign-lassen. Früher gab es noch richtige Brummer von Bremsen, zum Teil bis drei Zentimeter lang. Denen steckten wir hinten einen ziemlich langen Stroh- oder Grashalm rein und ließen sie dann steigen. Es war erstaunlich, welche Lasten sie in die Lüfte zogen.

Das gemeinste unter den Tierspielen war aber zweifellos das ›Broznpreun‹ (Krötenprellen). Wir bauten mit einem etwa einen Meter langen Brett eine Wippe, setzten einen Broz auf die Seite, die am Boden lag und schlugen mit einem Prügel kräftig auf das andere Brettende. Der Broz flog in hohem Bogen in die Luft, war zwar schnell tot, aber er war eben tot. Heute ist mir das unverständlich, und so manches würde ich gern ungeschehen machen.

Weihnachten

Richtig schön und geheimnisvoll ist das Weihnachtsfest für Kinder nur so lange, wie sie noch wirklich an das Christkind glauben. Diese Zeit ist allzu kurz, und schnell kommt man dann in eine Phase, in der man zwar schon weiß, aber nur noch so tut. Vielleicht hilft es, und das Christkind fällt dann etwas reicher aus. Dies ist natürlich ein Trugschluß, denn der Glaube daran hat den Geldbeutel unserer Eltern auch nicht aufgefüllt. Bereits damals habe ich mir oft Gedanken gemacht über dieses komische Christkind. Warum bringt es den Kindern, die unter uns wohnten, ein so herrliches Schaukelpferd, einen Scheck mit echtem Fell, dazu noch eine elektrische Eisenbahn mit Stellwerk? Wir im oberen Stockwerk bekamen nur einen alten, gebrauchten schwarzen Stoffgaul. Es gab viele Argumente, die für uns sprachen und das Christkindl bewegen konnten, sich mehr um uns zu kümmern. Wir von oben waren auch mehr Kinder und vor allem viel braver als die von unten. Was dann gänzlich unverständlich blieb, war die Tatsache, daß die unten sowieso schon alles hatten. Man zweifelt dann an der Gerechtigkeit. Das Christkind, wenn es schon im gleichen Haus tätig ist, hätte die Geschenke ja nur zu unseren Gunsten vertauschen müssen, und schon wäre alles in Ordnung gewesen. Dies alles sind natürlich Gedanken eines Kindes.

Trotzdem muß ich heute festhalten, daß sich unsere Eltern im Rahmen ihrer Möglichkeiten alle Mühe gaben, den Heiligen Abend so schön wie möglich zu gestalten, woran ich mit Dankbarkeit zurückdenke. Relativ früh begann unsere Mutter, Platzl zu backen. Die stellte sie vor das Fenster, wo sie dann nachts vom Christkind abgeholt wurden. Dies war für uns sehr geheimnisvoll und reizte gerade dazu, dem ein wenig nachzuspüren und zu versuchen, es aufzuklären. Bei meinem Spürsinn fiel es mir nicht allzu schwer, fündig zu werden, und dann wurde das Wissen vom Versteck hinter der Stiege zu einer schweren Last für mich. Es konnte ja sein, daß das Christkind dieses Versteck als Zwischenlager benützte, damit es nicht so viel schleppen mußte; aber teuflisch blieb die Sache trotzdem. Zwar nahm ich immer nur eins, aber im Laufe der Zeit riß das dennoch eine merkliche Lücke in den Vorratsbestand. Meine Überlegung ging oft so weit, dem Christkind eine gewisse Teilschuld anzulasten. Es war möglich anzunehmen, daß es selber auch ein paar Platzl abgezweigt hatte. Eines war sicher, der Weihnachtsfriede mußte gewahrt bleiben, und das kam mir zugute. Obwohl der ›Platzlschwund‹ offensichtlich war, wurde dieses Thema nie angesprochen. Ganz sicher war es ohnehin nicht; zumindest konnte auch Fritz oder Hansl der Missetäter gewesen sein. Darüber sprachen wir auch nicht unter uns Kindern.

Ein Weihnachten ohne Christbaum war nicht denkbar, er mußte besorgt werden. Doch für einen Christbaumhändler wären die Aussichten auf ein Geschäft mit uns schlecht gewesen, wir wußten schon lange vor dem Fest, wo unser Christbaum im Walde steht. Er blieb so lange wie möglich draußen, denn er sollte ganz frisch geschmückt werden. Zwei, drei Tage vor Heiligabend ging Vater hinaus, schnitt ihn ab und versteckte ihn am Waldrand, damit der Baum, wenn es finster war, schnell geholt werden konnte. Nicht selten begegnete man im Wald einem Schatten, der Ähnliches vorhatte.

Wenn sich die Vorweihnachtszeit auch unendlich lange hinzog, war es dann doch einmal soweit. Wir hatten eine Stube, in der sich alles abspielte; deshalb war es Tradition, daß wir, um das Christkind nicht zu stören, zu Frau Bayerl gehen mußten. Sie wohnte gegenüber im Gemeindehaus und war für uns eine Vertrauensperson, denn mit ihr machten wir auch gemeinsame Unternehmungen, wie Tannanudlklauben oder Schwammerlsuchen. Sie verstand es ausgezeichnet mit uns, so schaffte sie auch diesen schwierigen Zeitvertreib ohne Probleme. Aber zwei Stunden konnte es sich schon hinziehen, und wir fragten uns, wie das Christkind seine Arbeit mit so vielen Kindern schafft, wenn es überall so lange braucht. Endlich kam dann der Ruf zu kommen, und im Sturm ging es hinüber. Die brennenden Christkaumkerzen, meist auch noch ein angezündeter Sternwerfer in der ärmlich eingerichteten Stube mit Balkendecke, erzeugten eine romantische Stimmung, der auch wir Kinder erlagen. Allzulange jedoch hielt diese Ergriffenheit nicht an; schließlich wollten wir wissen, was das Christkind alles gebracht hatte. Schnell wich dann die Stimmung einer gewissen Ernüchterung, denn wir mußten feststellen, daß uns ein sehr vernünftiges, von der praktischen Seite geprägtes Christkind beschert hatte, das genau wußte, was gefehlt hat. Es war ja kalt zu dieser Zeit, und was lag näher als eine lange Unterhose und lange warme Strümpfe. Letztere waren von irgendjemandem aus einer rauhen Wolle gestrickt, und es war fast nicht auszuhalten, wie sie gebissen hatten. Den Beißeffekt hat zwar die lange Unterhose etwas gemildert, aber wer schon einmal lange Unterhosen in langen Strümpfen unterbringen mußte, weiß, wovon ich rede. Das Ergebnis waren zentimeterdicke Würste im Wadenbereich. Da wir fast immer kurze Hosen trugen, waren diese Würste gut sichtbar und so schick, daß wir froh sein mußten, noch nicht auf Brautschau gehen zu müssen. Diese Strümpfe wurden meist mit Straps gehalten, selten mit Strumpfbandl. Es war ja nicht möglich, daß wir auch im Winter barfuß gingen, und so waren Stiefel nicht selten unter dem Christbaum zu finden. Diese Stiefel hatten immer eine echte Ledersohle, und die sollte recht lange halten. Dafür konnte einiges getan werden. Zunächst wurden die Sohlen am ersten Feiertag ein oder zweimal mit Leinöl eingestrichen, weil ihnen dann das Wasser nicht so viel anhaben konnte. Dann folgte das Benageln der Sohlen, um eine schnelle Abnutzung des Leders zu verhindern. Die Nägel wurden nach einem bestimmten Muster in die Sohlen geschlagen und als Abschluß, Schuhspitze und Absatz mit Stoßeisen versehen. Gegen diese lebensverlängernden Maßnahmen wäre nichts einzuwenden gewesen, wenn sich diese Prozedur nicht einige Tage hingezogen hätte. So war erst nach den Feiertagen an Schlittschuhlaufen zu denken, und die meist gebrauchten Schlittschuhe, die das Christkind ebenfalls gebracht hatte, konnten wir dann auch nicht ausprobieren. Als wir etwas größer waren, durften wir etwas länger aufbleiben und um Mitternacht in die Christmette nach Planegg gehen. Meist wurden dann schon Sachen angezogen, die das Christkind gebracht hatte. Der Weg führte durch das Kirnergangerl und dann den Mitterweg entlang gerade bis nach Planegg in die Notkirche. Damals lag meist viel Schnee, und damit man die Orientierung nicht verlor, waren links und rechts am Wegrand dünne Bäume eingesteckt, die an ihren Wipfeln nicht ausgeastet waren. Eine Straßenbeleuchtung gab es damals am Mitterweg noch nicht. Für uns Kinder war es eine relativ lange Strecke, die Dunkelheit und das Knirschen des Schnees verliehen der Stimmung etwas Geisterhaftes.

Wir wuchsen schnell heran und bald mußten wir für unsere zehn und elf Jahre jüngeren Geschwister das Weihnachtsfest mitgestalten. Bald wurde es auch die Aufgabe von Hansl und mir, den Christbaum zu besorgen. Wir gingen grundsätzlich zu zweit in den Wald, denn gemeinsam waren wir stärker. Wieder einmal hatten wir uns in der Schlucht beim Bennoheim einen Baum in den Schnee gesteckt und nachts geholt. Ganz gegen unser sonstiges Verhalten hielten wir uns bei der Hand, man weiß ja nie. Wir mußten ungefähr hundert Meter in den Wald eindringen, als plötzlich ein furchterregendes Geplärr zu hören war. Wir hatten wirklich Angst, griffen den Baum, und liefen, so schnell uns die Füße trugen, ohne Halt bis nach Hause. Wir wußten damals noch nicht, daß es ein Reh war; wer es schon einmal gehört hat, kann unsere Angst sicher verstehen.

Mit etwa dreizehn Jahren konnte ich meine Bastlerleidenschaft so richtig ausleben. Nur als nachteilig erwies sich, daß bei uns Wohnzimmer, Küche und Schlafzimmer ein Raum war. Ich mußte warten, bis die Kleinen schliefen und erst dann konnte ich anfangen, Weihnachtsgeschenke mit Laubsäge, Hammer und sonstigen Werkzeugen zu basteln, bis mir um Mitternacht die Augen zufielen.

Petri Heil
Eigentlich war es ganz einfach

Die Würm war für uns nicht nur wegen der Badefreuden interessant, mindestens genau so wichtig waren uns ihre Fische.

Häufig kamen Barben, Aitel und Forellen vor, und in Bereichen, in denen das Wasser ruhig war, wurde hin und wieder auch ein Hecht und sogar ein Wels gefangen.

Es gab viele Stellen, an denen sich die Fische mit besonderer Vorliebe aufhielten. Diese kannten wir und wurden nicht müde, dort ins Wasser zu schauen. Zeigte sich dann für kurze Zeit so ein ›G'schlanse‹, wie wir sagten, stieg der Puls beträchtlich an, und der Griff zur Angel war unausweichlich. Gerade aber die Angel war unser schwacher Punkt. Von wegen Nylonschnur! Da gab es nur einen dünnen Spagat, und anstelle eines Bleigewichtes befestigten wir einfach einen länglichen Stein. Das wichtigste war selbstverständlich der Angelhaken, und von einem mit Widerhaken konnten wir nur träumen. Hier war Selbsthilfe gefragt. Ein verbotener Griff in Mutters Nähkasten nach einer Sicherheitsnadel war oft unsere letzte Rettung. Von ihr wurde eine Hälfte abgezwickt und die Seite mit der Spitze zu einem Haken gebogen. Die Form gelang meist vorzüglich, nur beim Widerhaken mußten wir passen. Es bedurfte einer besonderen Angeltechnik, um überhaupt Erfolg zu haben. Die Schur lief über die Finger, und schon das geringste Knabbern eines Fisches war zu spüren. Jedenfalls durften wir nicht nervös werden, denn erst, wenn er richtig zugebissen hatte, mußte schnell gezogen werden. Ganz wichtig war, daß die Schnur immer gespannt blieb, sonst war der Fisch schnell wieder in Freiheit.

Natürlich schauten wir voller Neid den gut ausgerüsteten Profis zu, wie Herrn Wilhelm Baier oder Herrn Dietl aus Gauting. Mit Herrn Baier konnten wir überhaupt nicht reden. Für den waren wir Luft. Herr Dietl hingegen war da schon zugänglicher. Er amüsierte sich besonders über unsere Haken und sagte unvorsichtigerweise: Mit diesem könnt ihr schon angeln. Das habe ich ziemlich ernst genommen und fing an, mir eine richtige Angel zu basteln. Meine Mutter schimpfte mich zwar furchtbar, aber Herr Dietl habe es mir ja erlaubt, behauptete ich. Ich suchte mir eine schöne schlanke Haselnußgerte und befestigte daran einige Schnurführungsringe aus Draht. Die Spule bereitete mir schon größere Schwierigkeiten, aber eine einfache Ausführung gelang mir auch, sie drehte sich, und die Schnur konnte ich aufwickeln. Jedenfalls war es ganz etwas anderes, als so eine Taschenangel. Jetzt konnte ich wenigstens den Köder gut auswerfen. Ich war sichtlich stolz auf mein Werk, aber von langer Dauer war meine Freude nicht. Es konnte nicht gut gehen, wie ich mit der Angel so offen herumlief. Auch der Hinweis auf Herrn Dietl konnte den Schutzmann Sennebogen nicht überzeugen, mir das Angeln nicht strengstens zu verbieten. Für einen frühreifen Petrijünger wie mich war dies allerdings ein herber Schlag. Wir, meine Freunde und ich, hatten eben hin und wieder doch einen Fisch an der Angel, und das wußte auch der Sennebogen. Außerdem bereitete ihm die Amtshandlung einer Verbotsanordnung ein ganz besonderes Erfolgserlebnis. Leider war aber unsere Mutter ein ernst zu nehmender Gegner. Sie war kategorisch dagegen, und wir durften auch nicht einen einzigen Fisch heimbringen. Das Schicksal war aber nicht immer ganz gegen uns. Unsere Mutter ging einige Male in der Woche arbeiten, und da war für uns die Gelegenheit oft günstig. So brutzelte nicht selten ein Aitel oder eine Barbe in der Pfanne. Der Fischgeruch ist etwas Unangenehmes, insbesondere weil er sehr lange verräterisch erhalten bleibt. Auch das Öffnen aller Fenster brachte nicht den gewünschten Erfolg. Da kam uns eine andere Idee. Wir streuten etwas Malzkaffeepulver auf die Herdplatte, ließen es anbrennen, und schon hatte der Geruch sich geändert. Es sollte nicht allzu lange dauern, bis ich einen echten Ersatz für meine verbotene Angelgerte bekam. Einmal ging ich hinauf zum Stauwehr der Goldschlägerei, wo die Schütz bedient wird und sich der Einlauf für die Turbinen befindet.

Ich kam zum richtigen Zeitpunkt, denn ich konnte beobachten, wie der Werkmeister gerade die Schütz hochdrehte. Dies hatte zur Folge, daß der Wasserspiegel anstieg und das Wasser, welches die Turbinen nicht mehr aufnehmen konnten, über eine seitliche Mauer ablief. Es gelangte zunächst in ein Auffangbecken und von dort durch einen schmalen Auslauf in einen Seitenkanal, der zum unteren Teil der Würm führte.

Nun passierte folgendes: sobald das Wasser über die Mauer lief, blitzte plötzlich auf der Mauer der Bauch eines Fisches, der wohl glaubte, daß es im unteren Teil der Würm schöner sei. Zunächst gelangte er in das Becken und dann durch den schmalen Auslauf wieder in Freiheit. Hier reichte bereits mein zwölfjähriges Gehirn, um richtig zu kombinieren. Die Reihenfolge war vollkommen klar. Schütz hochdrehen, abwarten, bis das Wasser überlief und es blitzte, den kleinen Abfluß mit einem Gitter verschließen, Schütz wieder runterdrehen und abwarten, bis sich das kleine Becken entleerte, Fisch entnehmen, so einfach. Meist waren es Forellen, die sich gerne in andere Bereiche absetzten. Barben sind Grundler und steigen nicht gern an die Wasseroberfläche. Wieder einmal hatte ich auf diese Weise eine Forelle erwischt. Ich wickelte sie in ein Taschentuch und versteckte sie in meiner Hosentasche. Herr Dietel war zur gleichen Zeit unterhalb der Schütz beim Angeln. Er sagte mir, daß er noch nichts erwischt habe. Das war für ihn unbegreiflich, denn es herrschte ein ausgesprochenes Anglerwetter. Es war schwül durch ein Gewitter, das am Himmel stand, und man sagt, daß die Fische dann ganz besonders gern beißen. Dies machte ihn ganz verrückt, denn es roch auch noch intensiv nach Fisch, wie er meinte.

Leider sah ich mich nicht in der Lage, ihn aufzuklären, woher dieser intensive Fischgeruch kam.

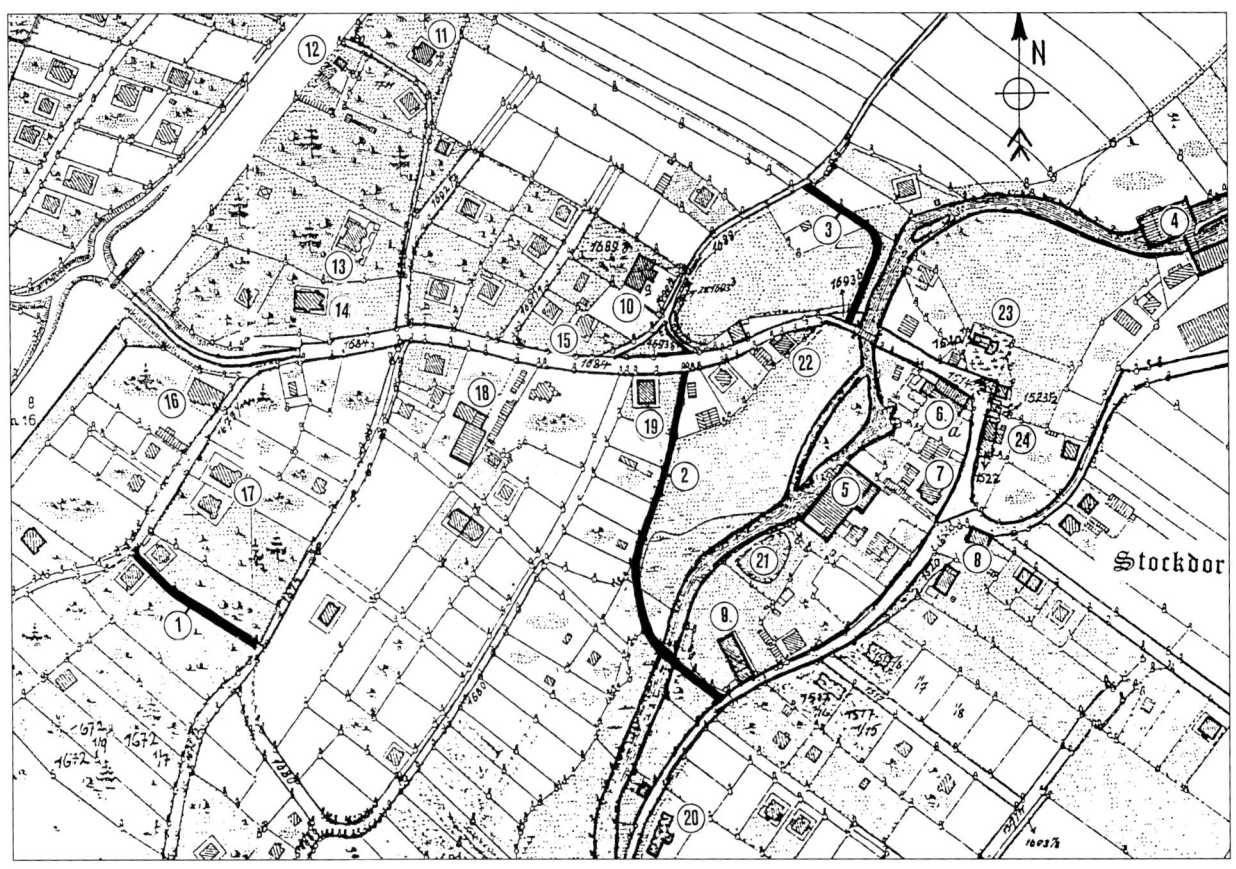

1 Leithe Gangerl 2 Zitzelsberger Gangerl 3 Kirner Gangerl 4 Webasto 5 Metallhammerwerk 6 Ehemaliger Haberlhof
7 Gasthaus zur Post 8 Jaus 9 Fickhaus 10 Alte Schule 11 Turmvilla Engert 12 Bahnwärter Häusl 13 Dauerwellen-
Maier 14 Villa Otto Baier 15 Villa Wilhelm Baier 16 Tellhöhe 17 Turmvillen Paar 18 Motorenwerk Stockdorf
19 Kerschensteiner 20 Schlößl 21 Säure-Weiher 22 Riedelsheimer 23 St. Vitus 24 Altes Gemeindehaus

Die »Gangerl« von Stockdorf

Zu den Gangerl in Stockdorf, so nennt man die schmalen Wege zwischen Grundstücken, möchte ich aus der Sicht eines Dorfbewohners, der nicht betroffen war, etwas sagen. Ist es doch verständlich, wenn ein Eigentümer großes Interesse daran hat, solch ein oder zwei Meter breites, direkt an seinem Grundstück führendes Gangerl verschwinden zu lassen. Wer freut sich schon über neugierige Blicke in sein Reich.

Diese Denkweise kam auch der Gemeinde nicht ungelegen, weil sie für den Unterhalt und die Sicherheit aufkommen mußte. So tat sie sich deshalb nicht besonders schwer, einen entsprechenden Antrag eines Gangerl-Angrenzers auf Beseitigung desselben zuzustimmen.

Diese Gangerl gehörten aber zum Ortsbild und waren nicht nur Weg-Abkürzungen, sondern auch Wege, auf denen man seine Ruhe finden und sich erholen konnte.

Es gab das Leithe Gangerl, das von der Tellhöhe den Hang herunter zur Waldstraße führte. Es wurde bereits vor dem Zweiten Weltkrieg aufgelassen.

Das Kirner Gangerl führte von der Bahnstraße an der Brücke ein kleines Stück an der Würm entlang, machte dann einen kleinen Bogen, überwand einen Hang und mündete in den Mitterweg. Es war sehr schmal, so daß man sich an beiden Seiten am Zaun festhalten konnte. Auf Antrag der Anlieger wurde es 1952 aufgelassen.

Das Zitzelsberger Gangerl war das längste. Es führte von der Bahnstraße gegenüber der Sparkasse in einem leichten Bogen zum früheren Fickhaussteg. Wahrscheinlich ließ die Gemeinde dieses längste Gangerl im Zusammenhang mit der Neu-Anlage des Bennosteges 1951 auf.

Sowohl das Kirner, als auch das Zitzelsberger Gangerl, könnte heute noch bestehen, wenn die Stockdorfer gegen die Auflassungen aufbegehrt und die Gemeinde mehr Interesse für ihre Erhaltung gezeigt hätten.

Der Männergesangverein Stockdorf

Mit dem Männergesangverein von 1885 wurde nicht nur der erste Verein in Stockdorf, sondern auch der erste Gesangverein im oberen Würmtal gegründet. Die Initiative dazu ergriffen frisch zugezogene Franken, die in der Metallschlägerei Arbeit gefunden hatten. Sangesfreudige Stockdorfer Burschen schlossen sich ihnen schnell an. Der Verein traf sich zunächst beim »Alten Wirt« in Krailling, später wählte er die »Restauration zur Tellhöhe« zu seinem Vereinslokal.

Die beiden Weltkriege fügten dem Verein großen Schaden zu. Während seine Tätigkeit im Ersten Weltkrieg lahmgelegt war, konnte sie zwar im Zweiten Weltkrieg weitergeführt werden, allerdings versuchten nun die Nazis, das musikalische Programm zu diktieren.

In den dreißiger und vierziger Jahren war Otto Campers als Chorleiter tätig. Seine Welt bestand nur aus Musik und Gesang. Er trug wesentlich dazu bei, daß der Chor ein hohes sängerisches Niveau auf-

Der Männergesangverein beim Sängerfest in Krailling, 1932

Der Männergesangverein, um 1935. Von links nach rechts: Buchard, Hans Erwand, Peter Strobl, Otto Schwarz, Franz Plerkl, Mages, Vitus Hartl, Kampers, Spiegel, Otto Wolker, Weidinger, Michael Mayr, Pauli Gruber, Hans Sauerer, Andreas Ehalt, Jakob Ramsteiner, Toni Spiegel, Hans Himl, Ludwig (Nachname unbekannt), Hans Ehalt, Georg Deuschl (hinten), Hansl Erwand, Heini Heitkämper, Ferdl Höpfl, Sepp Wenninger

weisen konnte. Kurz vor Kriegsende wollten die Nazis auch ihn an die Front schicken. Aber der war zu allem geeignet, nur nicht zum Soldaten. Als ein Nazi trotzdem versuchen wollte, ihm ein Gewehr zu geben, löste bereits der Anblick der Waffe bei Campers ein Zittern am ganzen Körper aus, und er ließ das Schießeisen einfach fallen.

Man stelle sich vor, einer macht einen Krieg und keiner geht hin. Für Otto Campers galt einfach: Ein todbringendes Gewehr paßt nicht zu des Sängers Ehr.

Nach dem Zweiten Weltkrieg wurde der Männergesangverein Stockdorf wieder aktiv und pflegt seitdem ein reges Vereinsleben.

Ganz in Weiß: Der Turnverein Stockdorf in den zwanziger Jahren

Der Turnverein Stockdorf

26 Jahre hatten die Stockdorfer bereits im Verein gesungen, bevor sie daran dachten, auch Leibesertüchtigung organisiert zu betreiben. Dabei gab es ein gutes Vorbild in Gauting, denn dort hatten sie bereits 1901 erkannt, daß nur in einem gesunden Körper auch ein gesunder Geist wohnt.

Die Stockdorfer gingen ganz vorsichtig ans Werk. Zunächst schnupperten sie in die Turnvereine Gauting und Planegg hinein, bis ihnen der lange Weg dorthin zu dumm wurde. So rafften sich im Jahre 1911 drei beherzte Männer auf und gründeten in Stockdorf selbst einen Turnverein. Es waren Hans Gollong, Michael Mayr und Johann Wallauer. Sie taten es unter denkbar schlechten Voraussetzungen, denn es fehlte nicht nur ein Sportplatz, sondern auch eine Turnhalle. So waren die Anfänge denn auch äußerst primitiv: In der Wagenremise beim Gasthaus von Johann Mayr wurden die ersten Turnübungen abgehalten.

Mit Beginn des Ersten Weltkrieges mußte das Vereinsleben schon drei Jahre nach der Gründung eine Zwangspause einlegen. Erst 1920 nahm der Verein seine Tätigkeit wieder auf. Das 10jährige Stiftungsfest konnte bereits auf einem eigenen Sportplatz an der Waldstraße gefeiert werden. Trotz Inflation war es 1923 gelungen, eine Fahnenweihe vorzunehmen. So konnte der Verein sich auch nach außen hin bemerkbar machen. Das darauffolgende

Jahr brachte eine weitere Verbesserung, denn eine von der Firma Baier gestiftete Holzbaracke konnte ab diesem Zeitpunkt als Turnhalle genutzt werden.

Meine Kindheit fiel in die Epoche der Vorturner Michael und Martin Müller, Andreas und Otto Schwarz und Franz Kick. Turnen, insbesondere Geräteturnen, wurde zu dieser Zeit noch groß geschrieben. Allein schon die Erscheinung dieser Sportler hat mich damals beeindruckt. Bei Sportfesten zeigten sie ihre Kunst am Barren und am Pferd im eleganten Sportdreß mit langen weißen Hosen.

Der Gedanke des Breitensports wurde damals noch richtig praktiziert. Alle im Dorf durften mitmachen und alle waren Sieger. Bei Hoch- und Weitsprung, bei 50- und 100-Meter-Lauf maßen wir unsere Kräfte. Treppchen für die Ersten gab es nicht, alle bekamen wir einen Siegerkranz aus Eichenlaub, den wir mit stolzgeschwellter Brust auf dem Kopf nach Hause trugen.

Die Sportfeste waren geprägt von den Reden des immer aktiven Michael Mayr. Die Holzbaracke auf dem Sportplatz hatte einen über Eck verlaufenden Balkon. Von dieser Tribüne aus sprach er zu seinen Sportlern und Gästen. Er verstand es gut, eine feierliche Stimmung aufkommen zu lassen und Begeisterung zu wecken, wenn er über die Bedeutung des Sports im allgemeinen und insbesondere über den Turnverein Stockdorf sprach. Mit leidenschaftlich vorgetragenen Reden wollte er eine neutrale Zusammenarbeit, die durch die neue politische Richtung gefährdet war, innerhalb des TV Stockdorf erreichen, um eine Auflösung des Vereins, wie sie dann 1936 kommen sollte, zu verhindern. Selbstverständlich war Michael Mayr ein überzeugter Sportler und so steigerte er sich bei seinen Ansprachen so weit in sein Thema hinein, daß es nie ohne Tränen in seinen Augen abging. Ganz besonders wir Kinder waren immer sehr beeindruckt und ergriffen.

Mit Freude erinnere ich mich auch an die Seilbahn, die zu jedem Sportfest gehörte. Ein längeres Stahlseil wurde mit einem Gefälle von circa 2,5 auf 1,5 Meter Höhe über dem Boden gespannt, dann wurde eine Seilrolle mit Griffen auf diesem eingehängt. Wir stiegen auf eine Plattform, hielten uns mit beiden Händen an den Griffen fest und schwebten dann dem Ziel am Boden entgegen, wo uns ein Erwachsener auffing.

In finanzielle Nöte gelangt, war der Verein in den dreißiger Jahren gezwungen, ein Darlehen aufzunehmen, um den Turnbetrieb aufrechterhalten zu können. Das war jedoch nicht der erhoffte Ausweg aus der Misere. So mußte sich der TV Stockdorf bereits 1936 auflösen. Bei der anschließenden Zwangsversteigerung erhielt die Gemeinde Gauting den Zuschlag für das 7 000 Quadratmeter große Grundstück, und aus war der Traum. Das Interesse der Turnerburschen galt während dieser Zeit ohnehin mehr der Hitlerjugend, der SA und der SS. Bereits 1938 errichtete die Stockdorfer SS-Gruppe auf dem ehemaligen Sportplatz eine Unterkunftshütte und einen Schießstand. Auch die Hitlerjugend nutzte den Platz für ihre Appelle. Ab 1943 diente er zusätzlich der Firma Dietz als Holzlagerplatz.

Der Turnverein war also von 1936 bis zu seiner Neugründung im Jahre 1949 tot. Die Neugründungsversammmlung erwies sich aber als Erfolg, denn 60 Personen traten dem Verein bei und wagten ohne Sportplatz, Turnhalle oder Geld einen Neuanfang.

Michael Mayr blieb dem Turnverein auch nach seiner Neugründung 1949 verbunden. Wir trafen uns oft in der Baracke auf dem neuen Sportplatz an der Maria Eich-Straße. Dort ging es meist sehr lustig zu, denn am Tisch saßen nicht nur Mayr, sondern auch der spätere 1. Vorsitzende Rudi Wanner. Er war der Garant dafür, daß keine Traurigkeit aufkam.

Einmal hatten wir ausgiebig gezecht, und es ging bereits auf Mitternacht zu, als wir uns auf den Heimweg machten. Da wir ganz nahe beieinander im Dorf wohnten, bot Rudi Wanner dem ›Maya Miche‹ und mir an, uns nach Hause mitzunehmen, was wir dankend annahmen. So schaukelten wir, eingepfercht in seinen kleinen Dreirad-Lieferwagen, unserem dringend notwendigen Schlaf entgegen. Aber es kam anders. Fast zu Hause angekommen, fiel dem Rudi plötzlich ein, wir könnten eigentlich noch zu Nause fahren, einer dem

Die Fahnenweihe des Turnvereins Stockdorf, 1923. Von links nach rechts: Michael Mayr (mit Fahne), Gustl Kick, Fritz Hofmann, Wolfgang Hirschberger, Alfred Würz, Hans Sauerer, Wechselberger

Zweiten Weltkrieg neu eröffneten Gaststätte in der Gautinger Straße. In seinem Zustand duldete er keinen Widerspruch, und so fuhren wir mit. Es war schon sehr spät, und wir schauten in ein überraschtes und nicht gerade freundliches Gesicht des Nausewirtes. Jedenfalls gab es dort wieder ein Bierchen, und weil wir bereits so richtig in Stimmung waren, genehmigte sich jeder von uns noch ein aufgewärmtes Brathendl. ›Da Maya Miche‹ war damals immerhin schon 80 Jahre alt, und wäre er nicht durch seinen Sport so gesund gewesen, diesen Abend hätte er bestimmt nicht überlebt.

Michael Mayr starb mit 87 Jahren am 27. November 1972.

Unser Turnverein verfügt inzwischen über eine Sportanlage mit 15 000 Quadratmetern Grund und zählt 800 Mitglieder.

Die Freiwillige Feuerwehr und »Sidol«

Die Festschrift zum hundertjährigen Gründungsjubiläum der Freiwilligen Feuerwehr Stockdorf im Jahre 1990 enthält eine fast lückenlose Chronik, die es eigentlich erübrigt, noch Weiteres zu schreiben. Deshalb möchte ich aus meiner Sicht als heranwachsender Junge ein wenig über diese Wehr berichten, der ich dann selbst noch kurze Zeit angehörte. Wir wohnten ja direkt gegenüber vom Feuerwehrhaus, und somit war es selbstverständlich, daß wir alles mitbekamen, was sich um die Feuerwehr drehte.

Meine Kindheit fiel in die Zeit des Ersten Kommandanten Karl Bruckmeier, an den ich mich noch gut erinnere. Ich freue mich heute noch, daß ich ihn erleben durfte. Von ihm waren wir Kinder sehr beeindruckt. Gefragt, was wir denn einmal werden wollten, wurde der Feuerwehrkommandant mindestens genauso oft als höchstes Berufsziel genannt wie der berühmte Lokomotivführer.

Karl Bruckmeier war nicht groß, hatte aber eine ausgesprochene Kommandantenfigur und entsprach so voll unserer Traumvorstellung. Sein dezenter Bauch, der seinen Uniformrock stramm ausfüllte und von einer Reihe glänzender Messingknöpfe und zusätzlich von einem breiten Gürtel zusammengehalten wurde, war eine ›Schau‹. Die Krönung im wahrsten Sinne des Wortes war dann noch der hochpolierte Messinghelm mit Spitze. Bruckmeier trug diese Uniform mit so großer Überzeugung und Würde, daß er jeden beeindruckte, wenn er seiner Wehr vorausmarschierte. Anerkannt und unangefochten übte er dieses Amt von 1922 bis 1940 aus. Er mußte die Jahre der Inflation und der großen Arbeitslosigkeit überbrücken. Die enormen Schwierigkeiten, die er sicherlich zu meistern hatte, interessierten uns Kinder eigentlich nicht. Uns war die äußere Erscheinung wichtiger, und wir betrachteten das Ganze mehr als Spiel.

Es wurde dennoch alles mit großem Ernst betrieben und, da es in Stockdorf relativ wenige Häuser gab, hielten sich die Brände in Grenzen. Die Feuerwehrübung stand also im Vordergrund. Im Vergleich zu heute gab es nur wenige Geräte, und es blieb alles überschaubar. Das notwendige technische Wissen stellte keine allzu großen Anforderun-

Die Freiwillige Feuerwehr vor dem »Gasthaus Johann Höger«, um 1890

Die Freiwillige Feuerwehr vor dem Webasto-Gelände. 2. von links: Karl Bruckmeier, dann Franz Merkl, Hans Engert, Michael Müller, 1920

St. Vitus, das Feuerwehrhaus und der »Konsum«, um 1950

gen. Die wesentlichen Gerätschaften bestanden aus Kleingeräten, einem Schlauchwagen, zwei Standleitern und einer Saug-Druckpumpe. Alles wurde von Hand bedient und bewegt. Im kleinen Feuerwehrhaus neben der Kirche, das bereits 1902 erbaut worden war, mußten die Geräte Platz finden. In der rückwärtigen Giebelwand waren unter dem Vordach Rohre eingemauert, über die man die Schläuche zum Trocknen aufhängen konnte. Auf dem Dach befand sich seit 1924 eine Alarmsirene. Jeden Samstag um zwölf Uhr mittags heulte sie zur Probe. Sie rief auch zum Einsatz und zu den Übungen.

Als es auf den Zweiten Weltkrieg zuging, stand die Wehr kurz vor ihrem 50jährigen Gründungsfest. Sie ging schweren Zeiten entgegen. Durch Einberufungen mußte sie viele personelle Ausfälle verkraften. Auch mein Vater war einer der ersten, die eingezogen wurden, und es half ihm nichts, daß er bereits im Ersten Weltkrieg vier Jahre abgedient hatte. Auch seine fünf Kinder konnten ihn nicht davor bewahren, daß er einrücken mußte. Mein Bruder Hansl und ich, mittlerweile 17 und 15 Jahre alt, mußten für unseren Vater in die Bresche springen und vertraten ihn, so gut wir es vermochten.

Die Uniform meines Vaters mit den dazugehörigen Sachen paßte mir sehr gut, und Hansl bekam alles neu. Für uns war es bereits das zweite Uniformerlebnis, denn das Braunhemd hatten wir schon früher verpaßt bekommen, und der graue Ehrenrock sollte bald folgen. Auf die Feuerwehruniform waren wir sogar noch stolz und pflegten sie mit großer Hingabe. Wir bewahrten sie einsatzbereit zu Hause auf. Zu Einsätzen wurde sie natürlich schnell angezogen, aber bei Übungen ging eine große Hektik voraus. Schließlich sollte unser Erscheinungsbild in Uniform einwandfrei sein. Der Uniformrock war zwar schnell ausgebürstet, aber an den Knöpfen, dem Helm und dem Gürtelschloß, alles aus Messing, hing unsere ganze Ehre. Wenn ein Vergleich anstand, wollte jeder am besten glänzen, und das kostete uns große Mühe. Zunächst erfuhr der Helm eine gründliche Reinigung, da war ein Glanz gefragt, in dem man sich spiegeln konnte. Erreicht wurde dieser mit »Sidol«. Erst einreiben, dann einige Zeit einwirken lassen und dann polieren, polieren und nochmals polieren. Die Knöpfe und das Riemenschloß erfuhren die gleiche Behandlung. Wir mußten verdammt aufpassen, denn die Knöpfe waren angenäht, und das Sidol durfte nicht an den Stoff gelangen. Wir nahmen ein Stück alten Stoff, schnitten ein Knopfloch ein und stülpten diesen über. So konnte ohne Gefahr poliert werden.

Zur Übung rief die Alarmsirene vom Dach des Feuerwehrhauses mit Dauerton, und es war entscheidend, daß wir schnell am Gerätehaus eintrafen. Meistens rückten wir mit einer Leiter, einem Schlauchwagen und der Saug-Druckpumpe aus. Noch wichtiger war es natürlich, daß wir in kürzester Zeit am Brandherd eintrafen. Dies bedeutete, daß wir im Laufschritt mit den Geräten losstürmten. Das kostete Puste, und so war es nicht verwunderlich, daß uns diese bereits beim »Gasthaus zur Post«, spätestens aber beim Fickhaus ausging. Schlauch ausrollen, Pumpe anschließen und Leiter in Stellung bringen, alles im Eiltempo, je schneller dies ging, desto schneller konnte das Kommando »Wasser marsch« gegeben werden.

Alle Arbeiten wurden nach Kommando ausgeführt, was besonders bei der Leiter wichtig war. Sie wurde zunächst im richtigen Winkel hochgestellt, und dann wurden die Stützbeine in Stellung gebracht. Zwei Feuerwehrleute standen an der Leiter und zwei dort, wo die Stützbeine hingestellt werden sollten. Diese wurden dann freifliegend im Halbkreisbogen nach vorne geschwungen und aufgefangen. Es erforderte eine gewisse Aufmerksamkeit, sonst landete das Stützbein am Kopf, was nicht angenehm war, aber durchaus passierte. Inzwischen war der Schlauch abgerollt, ein Ende in der Würm versenkt, das andere an die Pumpe angeschlossen. Von der Pumpe führte das andere Ende weiter zum Spritzenmann an der Leiter. Dieser hatte bereits das C-Rohr aufgesteckt und die Leiter erklommen. Nun begann die Arbeit an der Pumpe, und da mußte ständig abgelöst werden, sollte der Wasserstrahl einigermaßen konstant bleiben und nicht zu sehr von den schnell erlahmenden Kräften der Pumpenmänner abhängig sein. All diese Arbeiten machten Durst, und auch der wurde anschließend im »Gasthaus zur Post« ausgiebig gelöscht.

Der Katholische Frauenbund Stockdorf

Unter dem Dachverband des »Katholischen Deutschen Frauenbundes Köln von 1903« und des »Bayerischen Landesverbandes des Katholischen Frauenbundes von 1911« wurde in Stockdorf am 13. Juli 1921 ein Zweigverein, der »Katholische Frauenbund Stockdorf« gegründet.

Ziel und Zweck des Frauenbundes ist die Arbeit ausschließlich auf religiösen und karitativen Gebieten. Das Gründungsjahr fiel in die Inflationszeit, die erst mit Einführung der Rentenmark am 15. November 1923 ihr Ende fand. In dieser Zeit der großen Arbeitslosigkeit herrschten besonders in den Städten Not und Elend, und da gab es für den Frauenbund viel zu tun, denn seine Statuten schrieben ihm karitatives Wirken vor.

Um Not lindern zu können, mußten also Geld und Sachspenden beschafft werden, was vor allem durch Veranstaltungen erreicht wurde. So war es bald möglich, mittellosen Dorfbewohnern und vor allem Kindern an Weihnachten das Christkindl kommen zu lassen.

Im Frauenbund wirkten Idealisten, und es war nicht nur eine vorübergehende Begeisterung, denn über Jahrzehnte tauchen die gleichen Namen von Leuten auf, die sich unermüdlich in den Dienst der guten Sache stellten. So wird Frau Lina Baier über 38 Jahre hinweg als 1. Vorsitzende genannt sowie auch die geistlichen Beiräte Pfarrer Vitzthum und Berghammer. Aber auch ortsbekannte Namen wie Fräulein Ott, Kampers, Engert, Josephie und viele andere sind erwähnt.

Bei den Versammlungen wurden die örtlichen Gasthäuser wechselweise besucht, besonders hervorzuheben ist das Café Stockdorf, wo der singende Wirt Toni Herrmann durch seine humoristischen Gesangseinlagen dem Frauenbund immer gute Einnahmen garantierte.

Eine besondere Leistung gleich am Anfang seines Bestehens vollbrachte der Frauenbund mit der Gründung des ersten Kinderhortes im Juli 1921, der in der Turnhalle im Bennoheim untergebracht war. Auch sonst war der Frauenbund bei Dorfereignissen immer aktiv dabei. Bei den Feierlichkeiten anläßlich der Enthüllung des Kriegerdenkmals an der Wand von St. Vitus am 28. Oktober 1921 wirkte er zusammen mit allen Stockdorfer Ständen mit.

Für die zu dieser Zeit notwendige Ruhrhilfe sammelte der Frauenbund ansehnliche Beträge und ermöglichte Kindern von dort Erholungsferien in Stockdorf.

Von der damaligen großen Not zeugt auch die Tatsache, daß am 7. Januar 1924 vom Frauenbund im Dorf eine Suppenküche eröffnet wurde. Es liegt sehr nahe, daß dem Frauenbund auch die kleine St.-Vitus-Kirche am Herzen lag, wo man mithalf, die im Ersten Weltkrieg beschlagnahmte größere Glocke wieder zu ersetzen. Es wurde zu einem Dorfereignis, als am 9. September 1928 eine neue Glocke in ihre Stube aufgezogen werden konnte.

Das Vereinsleben des Frauenbundes ging im eingespielten Rhythmus weiter, bis ein Eintrag im Protokoll vom 10. Juli 1933 aufhorchen ließ. Die Generalversammlung im Gasthaus zur Post mußte erstmals behördlich genehmigt werden, der erste Hinweis auf die Nazis.

1996 konnte der Frauenbund sein 75jähriges Bestehen feiern. Hier soll der geistliche Beirat Herr Pfarrer Metzger nicht unerwähnt bleiben, der dem Frauenbund 25 Jahre mit Rat und Tat zur Seite stand und am 5. Januar 1997 leider allzu früh verstarb.

»Eine erhebende Feier fand am Sonntag den 2. Juni 1933 in unserer Stockdorfer Kirche durch die Erstkommunion von 6 Mädchen und 2 Knaben statt. Wegen der hier im April herrschenden Diphtherie konnten die Kinder dieses Jahr am weißen Sonntag nicht bei der allgemeinen Feier in Gauting teilnehmen, und so ging zum ersten Male hier im prächtig geschmückten Kirchlein die Erstkommunionfeier im Beisein der Eltern und vieler Andächtiger vor sich. Mit dankbarer Freude würden die Stockdorfer Gläubigen es begrüßen, wenn die Erstkommunion ihrer Kinder stets in der traulichen Dorfkirche stattfinden könnte.«

Auszug aus dem Protokoll des katholischen Frauenbundes Stockdorf von 1933

Ein Leben für die Heimat –
Der Kreisheimatpfleger Alfons Köbele

Ein Stenogramm von Schlagworten, die sich über Jahrzehnte in vielen Berichten und Meldungen über sein Lebenswerk finden, bringt ein hohes Maß an Anerkennung, Ehrung und Dank zum Ausdruck. Es zeichnet aber auch den Menschen Alfons Köbele derart klar, wie er dachte und handelte, daß sich weitere Kommentare fast erübrigen. Hier eine kurze Aufzählung: Aufrechter Bayer – Heimatfreund – Heimatforscher – Verfechter der heimatlichen Mundart und Ausdrucksweise – kämpft um ein Stück Heimat – Streiter für die Heimat – Bewahrung des Brauchtums – begnadeter Musiker – engagierter Pädagoge – Idealist – unbeugsam – Kreisheimatpfleger – Bayerischer Verdienstorden.

Alfons Maria Köbele wurde am 12. März 1899 im Klosterdorf Rottenbuch geboren. Dort verbrachte er seine Kindheit und Jugend und ergriff dann den Lehrerberuf. Bereits in Rottenbuch war er für seine Heimat tätig. Er verfaßte viele Abhandlungen über Rottenbuch und vergessenes Brauchtum. Seine Arbeit setzte er fort, als er 1939 in den Landkreis Starnberg wechselte und in Stockdorf als Hauptlehrer wirkte. Es ist nicht übertrieben, hier von einem Glücksfall für Stockdorf zu sprechen, denn seine Arbeit hier für die Belange der Heimat wird noch lange über seinen Tod hinaus in Erinnerung bleiben.

Er war auch ein begnadeter Musiker und Komponist. Viele seiner schönen Lieder und Volksmusikstücke sang und spielte nicht nur die Stockdorfer ›Stub'nmusi‹, sondern sendete auch der Bayerische Rundfunk. Für seine Ideen und Pläne konnte er begeistern und er gab viele Anregungen, was die bayerische Mundart oder die Volksmusik betraf. So war er der Initiator der Stockdorfer ›Stub'nmusi‹, des Stockdorfer Viergesangs und der Stockdorfer Blaskapelle, die heute weit über die Grenzen von Stockdorf hinaus bekannt ist.

In einem Zeitungsbericht vom 12. März 1979 zu Köbeles 80. Geburtstag steht: »So mancher wird sich noch erinnern, wie er sich schon vor 1960 erfolgreich dem Fällen der wohl einige hundert Jahre alten Eiche am Harmsplatz widersetzt hat.« Ausgerechnet der Naturschutzbeauftragte der Gemeinde Gauting schuf Tatsachen; er hatte ja nicht mehr viel zu befürchten, denn der Streiter Köbele verstarb am 7. Oktober 1985. Der Naturschutzbeauftragte ließ die Eiche 1992 fällen und nahm zur Begründung ein Stück faulen Holzes auf eine Bürgerversammlung mit. Selten aber war eine so gesunde Schnittstelle zu sehen wie bei diesem Baum. Der Wunsch vieler Stockdorfer Bürger, daß die Eiche noch viele Generationen überdauern und sie erfreuen möge, ging also nicht in Erfüllung.

Kreisheimatpfleger Alfons Köbele mit der Stockdorfer ›Stub'nmusi‹ im Keller des Hauses von Ludwig Berchtold, um 1970

Auch bei uns war ein bißchen Krieg

Eingebettet in einen großen Baumbestand und umgeben von weiten Wiesen- und Ackerflächen, lag Stockdorf noch zu Anfang des Zweiten Weltkrieges friedlich im Würmtal. Von seiner Fläche her fiel es mit 200 Häusern und etwa 1 000 Einwohnern nicht weiter auf. Aus der Vogelperspektive machte das Dorf einen harmlosen Eindruck, zumal viele Häuser durch stattliche Bäume kaum zu sehen waren.

So lebte man hier auch im zweiten Kriegsjahr noch ziemlich sorglos, und niemand mochte glauben, daß das Dorf einmal aus der Luft angegriffen werden könnte.

Es gab ja lohnendere Ziele, wie zum Beispiel die »Wifo«-Anlage, das größte unterirdische Benzinlager Deutschlands der Wirtschaftlichen Forschungsgesellschaft m.b.H., das versteckt im Kreuzlinger Forst lag. Wie die vielen Bombentrichter bewiesen, die verstreut im Wald zu finden waren, peilten feindliche Bomber dieses Ziel häufig an. Das Benzinlager lag aber einige Kilometer von Stockdorf entfernt, und das beruhigte uns.

So konnte niemand verstehen, daß gerade Stockdorf der erste Ort im Würmtal sein sollte, auf den am 8. November 1940 zwischen 21.30 Uhr und 23.30 Uhr Bomben fielen. Es wurde viel über die Frage gerätselt, was die Besatzung des feindlichen Bombers wohl dazu bewogen haben könnte, ausgerechnet hier drei Spreng- und eine Brandbombe abzuwerfen. Die Schuld gab man schließlich einer Baustelle vor dem Fickhaus, wo auf der Straße ein Graben ausgehoben und mit einigen Petroleumlampen abgesichert worden war. Wenn schon die Glut einer brennenden Zigarette in der Nacht weithin sichtbar ist, so kann es durchaus sein, daß der Bomberbesatzung beim Anblick dieser Lichter die Phantasie durchging und sie da unten ein kriegswichtiges Ziel vermutete. Es kann sich aber auch um einen Notabwurf gehandelt haben.

Doch die Stockdorfer hatten Glück im Unglück, denn von den drei Sprengbomben waren zwei Blindgänger. Bei einer Explosion aller drei Bomben wäre ein sehr großer Schaden entstanden. Wir waren dankbar dafür, daß wenigstens kein Menschenleben zu beklagen war, denn eine Bombe fiel auf das Eck des Wohnhauses von Stanz-Schmidt an der Gautinger/Bennostraße und beschädigte es schwer. Das Haus war zu diesem Zeitpunkt zum Glück nicht bewohnt. Eine weitere Bombe blieb auf dem Grundstück als Blindgänger liegen. Die größere der drei Bomben bohrte sich zwischen dem Stanz-Schmidt-Haus und den Gemeindehäusern an der Vitusstraße in den weichen Boden, explodierte aber auch nicht. Die Brandbombe richtete ebenfalls keinen Schaden an.

Nun war natürlich die Aufregung groß, denn der Blindgänger im Hinterhof der Gemeindehäuser hätte einen verheerenden Schaden anrichten können. Am Nachmittag vor dem Angriff hatte der Gautinger Lohnholzschneider Cicek dort noch gearbeitet und seine Säge-Hackmaschine über Nacht dort stehen gelassen. Die Bombe steckte zwei Meter neben ihr im Boden. Die Zerstörung des Geräts wäre ein herber Verlust gewesen, denn alle im Dorf heizten mit Holz, und es gab in Gauting-Stockdorf nur eine Maschine dieser Art. Nicht auszudenken, wieviel Schweiß es gekostet hätte, alles Holz von Hand ofenfertig zu schneiden und zu hacken.

In den Gemeindehäusern, die am gefährdetsten waren, wohnten kinderreiche Familien wie die Heitkämpers oder die Stangls. ›Da Stangl Lugge‹ hatte sich gut auf den Krieg eingestellt und im Hinterhof eine Hütte gebaut, in der er einige Kühe hielt. Auch dieser Kuhstall lag in unmittelbarer Nähe der Gefahr. Das hatte aber auch etwas Gutes, denn zum Stall gehörte ein Misthaufen, der sich als sehr nützlich erweisen sollte.

Nach dem Bombenabwurf mußten zunächst 26 Familien mit insgesamt 94 Menschen ihre Wohnungen räumen. Die Bombe hinter den Gemeindehäusern konnte nicht entschärft, sondern mußte ge-

Stockdorf von Süden, westliche Seite, um 1955

sprengt werden. Sie wurde nun mit dem Stangl-Mist und sonstigem Dämmaterial gut abgedeckt und zur Sprengung vorbereitet. Es folgten zwei bange Tage, bis endlich die erlösende Detonation zu hören war. Die Sprengmeister leisteten gute Arbeit, denn die Häuser blieben fast unbeschädigt. Ein Gefühl großer Erleichterung breitete sich aus, besonders bei den Leuten, die nun wieder in ihre Wohnungen zurückkehren konnten. Die Bombe im Stanz-Schmidt-Garten konnte entschärft und abtransportiert werden.

Dieser Bombenangriff blieb für Stockdorf der einzige im Zweiten Weltkrieg. Wenn man von der angeordneten Verdunklung absieht, wies bei uns nicht allzuviel auf den Krieg hin. Der hiesige Zellenleiter Heckler wachte zwar mit strengem Blick darüber, daß aus keiner Fensterritze noch ein Lichtschein drang, Pannen wie jene mit den Baustellen-Petroleumlampen schloß dies jedoch nicht aus.

Ende 1944 wurde der Versuch unternommen, der Bevölkerung einen besseren Schutz vor Angriffen aus der Luft zu bieten. Auf dem Heuschneider-Grundstück legte man einen Schutzgraben an, der mit schwachem Rundholz abgestützt und überdacht war. Er stellte sich jedoch als unbrauchbar heraus, da er von Leuten gebaut worden war, die keine Ahnung vom Bau solcher Gräben hatten. Natürlich boten auch die Keller keinen wirklichen Schutz, denn bei einem Bombenangriff wäre es ohnehin für alle eine Glückssache gewesen, unverletzt zu bleiben. Einen gewissen Schutz bot nur der einzige Luftschutzbunker aus Beton, den sich Johann Schweyer auf dem Grundstück von Haus Nummer 1 $^{1}/_{3}$ gebaut hatte.

Der Bombenschaden am Haus von Stanz-Schmidt an der Ecke Gautinger-/Bennostraße, 1940

Während des Krieges waren im Webasto-Werk etwa 40 Ukrainerinnen als Fremdarbeiterinnen eingesetzt, die von den Nationalsozialisten zur Arbeit zwangsrekrutiert worden waren. Obwohl sie in einer ziemlich versteckten Baracke hinter der Friedhofsmauer der alten St.-Vitus-Kirche hausten, waren sie uns doch allgegenwärtig. Denn jeden Abend bekämpften sie ihren Schmerz und ihr Heimweh durch Singen. Die Lieder aus ihrer ukrainischen Heimat gingen durch Mark und Bein, und niemand konnte sich einer gewissen Betroffenheit entziehen. Ihr Gesang hörte sich eigenartig an: 40 Stimmen setzten urplötzlich mehrstimmig ein, erfüllten schwermütig und anklagend die Nacht und hielten schlagartig wieder inne. Wir konnten die Frauen verstehen, mußten sie doch helfen, Waffen zu produzieren, die gegen ihre eigenen Landsleute zum Einsatz kamen.

Dem Firmenchef der Webasto, Walter Baier, bereiteten sie auf eine originelle Weise Schwierigkeiten. Diese Mädchen und Frauen waren sehr natürlich, und sie dachten sich überhaupt nichts dabei, wenn sie in der nahegelegenen Würm nackt badeten. Da dies bei uns überhaupt nicht üblich war, mußte Baier ihnen dieses Vergnügen verbieten, zumal bereits neugierige Burschenaugen über die Friedhofsmauer lugten.

Auch ein anderes Ereignis in diesem Zusammenhang ist es wert, erzählt zu werden. Es gibt Kunde davon, was der Zufall alles zustandebringt: Während seines Fronteinsatzes in Rußland kam mein Bruder Hans einmal von seinen Kameraden ab und traf auf russische Soldaten. Er mußte sich verstecken. Ein altes Ehepaar gewährte ihm in seiner Hütte Unterkunft. Sprachlich konnten sie sich nicht verständigen, aber die alte Frau holte einen Brief hervor und zeigte ihn meinem Bruder. Der traute seinen Augen nicht, als er sah, daß dieser Brief ihrer Tochter das Webastowerk in Stockdorf als Absender trug. Mein Bruder konnte den beiden durch eine Feldpostkarte klarmachen, daß Stockdorf sein Zuhause ist. Das Paar schrieb ein paar Zeilen an seine Tochter, die ihr mein Bruder tatsächlich bei einem Genesungsurlaub in Stockdorf überbringen konnte.

Am 27. April 1945, einem der letzten Kriegstage also, wurden die Häftlinge des Konzentrationslagers Dachau auf ihrem Todesmarsch auch durch unser Dorf getrieben. Gegen vier Uhr früh wurde meine Mutter durch Geklapper auf der Straße geweckt. Sie ging ins Erdgeschoß hinunter und sah die ausgemergelten Häftlinge in ihrer gestreiften Kleidung. Alle hatten sie Holzschuhe an und schleppten sich mit letzter Kraft dahin, vorwärtsgehetzt von SS-Wachmannschaften. Die Häftlinge hatten schon einen langen Marsch hinter sich, als sie an der Bäckerei Harter vorbeizogen. Meine Mutter bekam Angst, als sie hörte, wie Ludwig Harter die SSler beschimpfte, weil sie nicht zulassen wollten, daß man den Häftlingen Wasser und Brot reichte. So warf er Brotwecken zwischen die Gefangenen, von denen jedoch viele gar nicht mehr in der Lage waren, etwas

Das Mahnmal des Dachauer Todesmarsches vom April 1945.

zu essen. Für sie war der letzte Wagen des Zuges bestimmt, auf den die Zusammengebrochenen einfach kreuz und quer geworfen wurden.

Unmittelbar vor Kriegsende wurde es für Stockdorf noch einmal gefährlich. Die Waffen-SS fuhr vor und lud an der Würmbrücke Dynamit ab, um sie am nächsten Tag zu sprengen. Der Bunkerbauer Schweyer, der bereits im Ersten Weltkrieg einen Unterschenkel verloren hatte, nutzte die Abwesenheit der Soldaten in der Nacht und warf allen Sprengstoff in die Würm. Bei dieser schwierigen und gefährlichen Aktion half ihm ein unbekannter Radfahrer, der zufällig des Weges kam. Etwas von dieser Geschichte sickerte doch durch, denn bald wurde Johann Schweyer gesucht und mußte untertauchen. Bei Freunden in Pasing fand er Unterschlupf.

Die Tat ließ die Soldaten auf Rache sinnen. Sie machten bereits Anstalten, Häuser im Dorf anzuzünden oder zu sprengen. Nur dem überraschenden Eintreffen der Amerikaner am 30. April 1945 ist es zu verdanken, daß kein weiteres Unglück geschah.

Umzug beim 75jährigen Gründungsfest des Männergesangvereins Stockdorf. Links das Gemeindehaus, rechts das Jauß-Anwesen.

Auszug aus dem Protokoll des Katholischen Frauenbundes Stockdorf vom 9. September 1928: »Auch das kleine Stockdorfer Kirchlein trug zur Verteidigung der Heimat durch Herausgabe der größeren Glocke bei. Der Verlust dieser Glocke ward aber von der Dorfgemeinschaft nicht vergessen, und heute Vormittag erschien reich bekränzt von dem Katholischen Frauenbund Stockdorf begleitet vor der Kirche eine neue Glocke. Der hochwürdige Herr Pfarrer Vitzthum vollzog am 9. 9. 1928 die heilige Weihe und am gleichen Tag wurde sie in ihre Stube aufgezogen.«

*Der Männer-
gesangverein*

*Der Turnverein
Stockdorf*

*Die Freiwillige
Feuerwehr*

149

Stockdorf.

Ortsführer: **Gruber** Paul Steuerinspektor.

Abele Anna Tellhöhe 34.
Abt Karl Arbeiter Heimstraße.
Asam Xav. Fabrikarb. Tellhöhe 23.
Bachmeier Amalie Schwester Kreuzst. 66.
Baier Maria Konstrukteurswe. Gautingerst. 22.
— Otto Fabrikbesitzer Bahnstr. 84.
— Wilhelm Fabrikbesitzer Bahnst. 48.
Bald Wilh. Metallschläger Bahnst. 24.
Bauer Maria Postverw.-We. Alpenstraße 44.
Bayerl Joseph Landwirt Bahnst. 1.
Benndorf Auguste Arztehefrau Kreuzstraße 80.
Berchtold Joh. Fabrikarbeiter Bahnstraße 1⅓.
— Maria Fabrikarbeiterswe. Bahnstraße 1⅓.
— Maria Tabakarbeit. Bahnst. 10⅓.
Bernauer Rosa Schäfereibesitz. Haus Nr. 126.
von Bessel Harry Oberstlt. a. D. Tellhöhe 76.
[illegible]etz Dr. Max Oberstabsarzt a. D. Kreuzst. 27.
Beyer Theodor Kaufmann Kreuzst. 73.
Binder Ferd. Fabrikarb. Bahnst. 1¼.
— Franz Fabrikarbeiter Bahnst. 10¼.
Bittner Anna Beamtenswe. Tellhöhe 37.
— Artur Vers.-Beamter Gautingerstraße 153.
Böttiger Anna ohne Beruf Bennost. 47.
— Hans Kaufmann Bennost. 47.
Bogner Anna Fabrikarb. Schulst. 18.
Brandmeier Anna Rentn. Zweigst. 74.
— Anton Mechaniker Zweigst. 74.
— Gottfrieda Laienschwester Alpenst. 69.
Bruckmaier Karl jun. Eisendreher Bahnst. 15.
— Karl sen. Fabrikarbeiter Forstkastenst. 145.
Brunner Joh. Kaufm. Gautingerst. 14.
— Walburga Forstkastenst. 70.
Buchner Joh. Bautaglöhner Würmstraße 138.
Bum Karl Betriebsleiter Münchnerstraße 13.
Christl Joseph Schlosser Tellhöhe 23.
[illegible]auer Hans Bankbeamter Bahnst. 55.
— Joseph Angestellter Bahnst. 1¼.
— Joseph Kaufm. Münchnerst. 16.
Deckert Valentine Gautingerst. 14.
Degenhardt Ther. Rentnerwe. Kreuzstraße 64.
Deierl Jos. Ladergehilfe Tellhöhe 96.
Dengler Albert Oberlehrer Schulst. 50.
Dick Joh. Maschinenarb. Tellhöhe 96.
Eberhard Alois Techniker Gautingerstraße 127.
Eberl Joseph Hilfsarbeit. Tellhöhe 23.
— Michaela Handarbeitslehrerin Kreuzst. 66.
Egenhofer Johann Glüher Gautingerstraße 7.
Einsiedler Joseph Glaszuschneider Tellhöhe 96.
Emmerich Phil. Optiker Kreuzst. 73
Endres Lorenz Eisenbahnoberinzenieur Kreuzst. 63.
Engelhardt Gottfried Ingen. Bennostraße 83.
Engert Hans Justizsekret. Bergst. 28.
Erbacher Emil techn. Kaufmann Alpenst. 36.
Ertl Hans Rentner Bahnst. 55.
Erwand Ernst Schlosser Bahnst. 1½.
— Hans Werkmeister Gautingerst. 6.
Fäcke Maria Kreuzst. 29.
Fleischmann Karl Packer Zweigst. 72.
Freiberger Isid. Hilfsarbeiter Bahnstraße 6½.
Gebhardt Geschw. Alpenst. 30.
Gehre Albert Oberstlt. a. D. Kreuzst. 59.
Geißler Rosa Rentn.-We. Kreuzst. 62.
Gluth Meta Redakteursehefrau Kreuzstraße 62.
Gollong Heinr. Metallarb. Gautingerstraße 7.
Grebe Gg. Kaufmann Zugspitzst. 89.
Grubenmann Gg. Schriftsetzer Schulstraße 18.
Gruber Kath. Fabrikarbeiterin Gautingerst. 7.
— Paul Steuerinspekt. u. Ortsführer Gautingerst. 38.
Günther Joseph Sprachlehrer Bennostraße 83½.
Gürz Babette Bürogehilfenswitwe Schulerweg 100.
Guggemos Anna Rentn. Gautingerstraße 22.
Haider Ernst Kunstmaler Heimst. 139.
Hardung Maria Rentn. Tellhöhe 32.
Harms Friedrich Werkmeister Bahnstraße 23.
Harter Johann Bäckermeister Münchnerst. 17.
— Ludwig Bäcker Münchnerst. 17.
— Peter Fabrikarbeiter Heimst. 131.
Hawel Franziska Kreuzst. 27.
Heindl Jos. Fabrikarb. Gautingerst. 7.
Heintz Jakob Friseur Gautingerst. 38.
Heiß Maria Hilfsarbeit. Bennost. 83.
Held Amalie und Rosa Kontoristin Nr. 152.
Helmer Norbert Installat. Zugspitzstraße 103.
Henle Walburga Laienschw. Alpenst. 69.
Henneberger Michael Rentner Tellhöhe 34.
Herbig Friedr. Vorarb. Gautingerst. 7.
Herrmann Ant. Cafetier Alpenst. 30.
Heuschneider Anton fr. Holzarb. Bahnstraße 10.
Heyder Rosina Arbeiterin Bahnst. 10⅓.
Hintermayer Paula Brauereiverw.-Witwe Bergst. 67.
Hirschberger Jos. Glüher Gautingerstraße 7.
— Joseph Metallarbeiter Schuleranlage 97.
Hirschvogel Joh. Fabrikarb. Zugspitzstraße 102.
Höber Franz Schmied Waldst. 143.
Höchstetter Mich. Braumst. Bennost. 46
Höflmeier Gg. Metallschleifer Münchnerst. 20.
Höpfl Otto Bronzestampfer Forstkastenstraße 52.
Hofmann Frz. Schneidermstr. Münchnerst. 20.
— Fritz Schlosser Münchnerst. 20.
— Gottlieb Obsthandlung 134.
— Kath. Fabrikarbeit. Gautingerst. 7.
— Wilh. Schlosser Bahnst. 10½.
— Wilh. Zimmermann Bahnst. 10½.
Holzleitner Otto Versorgungsanwärter Gautingerst. 71.
Huber Konrad Rentner Bergst. 61.
— Dr. Rolf prakt. Zahnarzt Bergst. 61.
Jakobus Friedrich f. Bauunternehmer Schulerweg 99.
Jauß Christ. Schuhmacher Gautingerst. 2.
Joas Vikt. Bahnmst.-We. Alpenst. 54.
Josephi Gottlieb Konzertsänger Kreuzstraße 29.
Jung Maria Hausm.-We. Bennost. 45.
Kainz Gg. Fabrikarb. Gautingerst. 71.
Kamm Ludwig Frz. Bauhilfsarbeiter Gautingerst. 11.
Kampers Maria Professorswe. Gautingerst. 14.
Kanntner Richard Reichsbahnoberamtmann a. D. Bennost. 83½.
Karl Andr. Maurer Bahnstr. 35.
Kegler Karl techn. Obertelegrapheninspektor Zweigst. 57.
Keller Lud. Bautechniker Bennost. 83½.
Kerschensteiner Walter Studienrat Bahnst. 77.
Kerscher Frz. Schlosser Forstkastenst. 52.
Kick Johann Packer Zugspitzst. 130.
— Joh. Schreiner Forstkastenst. 145.
Kiene Dr. Paul Gymnasialproj. a. D. Gautingerst. 22.
Kil Margareta Rentnerin Bergst. 28.
Kilger Augustin Hilfsarbeiter Bahnstraße 81.
Kinshofer Mart. Fabrikarb. Schulerweg 114.
Kirner Joseph Fabrikarb. Schulst. 78.
Koch Ant. Brauereidirekt. Forstkastenstraße 41.
Köhler Dr. Karl Arzt Zugspitzst. 140.
Körner Hans Schlosser Gautingerst. 3.
— Heinrich Kunstschlossermstr. Bahnstraße 1½.
— Mich. Werkmstr. Gautingerst. 148.
Kohlpaintner Korbin. Landespolizei-Wachtmeister Forstkastenst. 145.
Konsky Alexander Kaufm. Zweigst. 68.
Konsum-Verein Sendling-München e. G. m. b. H.
Krembs Johann Bronzestampf. Alpenst. 54.
Krumm Joh. Gg. Oberleutnant a. D. Forstkastenerst. 51.
Kuhn Anton Elektrotechn. Bennost. 91.
Lamperch t Friedr. Betriebsleiter Bahnstraße 35 a.
Lang Joh. Metallschläger Gautingerstraße 7.
— Joseph Friseur Tellhöhe 96.
Lanzinger Simon Kraftwagenführer Münchnerst. 13.
Lauche Fritz Drogist Alpenst. 65.
Lechner Therese Postassistentenswe. Waldst. 150.
Leithe Matthäus Darmhändler Tellhöhe 37.
Mages Ant. Schneidermeister Waldstraße 150.
Maier Franz Xav. Fabrikant Bergstraße 43. F 89290.
Mayer Mich. Fabrikarb. Gautingerst. 7.
Maierthaler Joh. Schneider Gautingerst. 127
Mandl Emil Mechaniker Bahnst. 10.
Martin Edwin Monteur Bennost. 117.
Mason Elise Rentnerin Alpenst. 65.
Merkl Frz. Metallschläger Gautingerst. 2.
— Jos. Fabrikarbeiter Gautingerst. 6.
Metz Karolina Oberin Kreuzst. 66.
Möllhausen Hild. Studienrätin Schulerst. 133.
Mühldorfer Otto Hilfsarbeit. Waldstraße 60.
Müller Dorothea Metallschlägerswe. Münchnerst. 17.
— Konrad Metallarbeiter Schulst. 18.
— Martin Montageinspekt. Bahnst. 1½.
— Walburga Fabrikarbeiterin Gautingerst. 7.
Münchener Schulkreide-Fabrik Rich. Naumann.
Muckenthaler Max Eisenbahnoberingenieur a. D. Gautingerst. 100.
Munchel Therese Krämerswe. Gautingerst. 2½.
v. Mutius Ludw. Generalkonsul z. D. Schuleranlage 123.
Naumann Ernst Kaufmann Kreuzst. 87.
— Geschwister Alpenst. 48.
Nuscheler Therese Zimmermannswe. Bahnst. 12⅓.
Oechsl Ägidius Malermeister Heimstraße 105.
— Alois Malergehilfe Gautingerst. 22.
Ott Martha Opernsängerin Bergst. 28.
Peter Max Staatschorsänger Tellhöhe 96.
Plasch Jos. Rentner Gautingerst. 40.
Ramsteiner Jak. Zimmermann Schuleranlage 132.
Raßbichler Therese Gütlerswe. Bahnstraße 56.
Reidel Max Abteilungsführer 134.
Reißmeier Ign. Hilfsarb. Gautingerstraße 11.
Renner Jakob Krim.-Kommissär Tellhöhe 144.
Reuter Helene Direktorswe. Bahnstraße 24.
Riedelsheimer Korbinian Schlosser Bahnst. 1¼.
Riepertinger Hedwig Laienschwester Kreuzst. 66.
Rudolph Johanna Kaufmannswe. Münchnerst. 16.
Rühl Therese Rentnerin Bahnst. 24½.
Ruf Paul Staats-Oberbibliothekar Tellhöhe 144.
Ruhdorfer Hans Fabrikarbeiter Gautingerst. 2.
Rupprecht Paul Vers.-Beamt. Bahnstraße 23.
Rusp Johann Rentner Bahnst. 84.
Schäfer Robert Werkmeister Münchnerst. 12½.
Schaller Johann Dreher Gautingerstraße 71.
— Joseph Fabrikarb. Gautingerst. 2.
Schmid Frz. Elektromont. Schulst. 18.
Schmidt Johann Metallschläger Gautingerst. 7.
Schmitt Kath. Fabrikarbeiterin Gautingerst. 6.
Schmid Lorenz Gastwirt Tellhöhe 23.
Schmitt Wilh. Kaufmann Bennost. 83.
Schmuck Adele Kaufmannswitwe Tellhöhe 96.
Schöberl Jos. Backmeister Münchnerstraße 20.
Schöllhorn Engelbert Metallwalzer Bahnst. 6½.
— Franz Metallarbeiter Bahnst. 1½.
Schupbaum Karl Generalmajor a. D. Tellhöhe 32.
Schwab Erhard Schuhm. Waldst. 101.
— Lorenz Hilfsarbeiter Bahnst. 10⅓.
Schwarz Andr. Schloss. Gautingerst. 2.
— Michael Metallschläger Gautingerstraße 7.
— Otto Schlosser Gautingerst. 7.
Schwormstädt Felix Kunstmal. Bahnstraße 25.
Sehr Franz Maschinenfabrikant Gautingerst. 42
Seidl Kaspar Tagl. Bennost. 126.
Semmler Max Juwelier Bahnhofst. 56.
Seybold Johann Metallschläger Gautingerst. 2.
Siemers - Hildebrand Kurt Schauspieler Kreuzst. 64.
Söffner Karl Abteilungsführer Münchnerst. 12½.
Stadler Martin Mechaniker Bahnstraße 81.
Stahl Friedr. Rentner Bahnst. 49.
Stampfl Solana Kindergärtnerin Kreuzst. 66.
Stangl Klara Lehrerin Alpenst. 69.
Steiner Maria Bennost. 83.
Stempfel Xaver Maurer Würmst. 138.
Sterflinger Eleonore Kreuzst. 66.
Stockdorfer Motorenwerk G. m. b. H.
Stoßberger Leopold Krämer Bahnstraße 6½.
Straßhofer Franz Hilfsarbeiter Bahnstraße 6½.
Strobl Christian Hilfsarbeiter Bahnstraße 10⅓.
— Peter Landwirt Tellhöhe 136.
Süddeutsche Elektrizitätsgesellschaft m. b. H. Unterbrunnerst. 10.
Süßer Michael Schneidermstr. Bahnstraße 81.
Tempel Friedrich Kaufmann Kreuzstraße 53.
Thomas Otto Chemigraph Zugspitzstraße 141.
Trauner Hugo Kaufmann Gautingerstraße 14.
Trümbach Ottmar Kaufmann Schulerweg 120.
Truöl Otto Kaufmann Alpenst. 92.
Tzschentke Wilh. Kaufmann Schuleranlage 122.
Vilzmoser Rosa Hilfsarbeiterin Bahnstraße 6½.

Volkert Hermann Oberstleutnant a. D. Gautingerst. 22.
Wackerle Joh. Elektromont. Bennostraße 91.
— Margarete Oberpostsekretärswitwe Bennost. 91.
Wagner Andr. Krämer Bahnst. 10¼.
Wallauer Hans Schreiner Bergst. 19.
— Max Schlosser Gautingerst. 153.
Weber Andreas Fabrikarbeiter Gautingerst. 2.
Wechselberger Georg Gastwirt und Metzgermeister Münchnerst. 16.
Weidinger Friedr. Maler Gautingerstraße 7.
— Joh. Fabrikarbeiter Gautingerst. 7.
— Ludw. Schreiner Münchnerst. 20.
Weidner Hermann Oberregierungsrat Tellhöhe 137.
Weihmayer Karl Fabrikarbeiter Gautingerst. 153.
Well Kresz. Oberweichenwärterswitwe Gautingerst. 153.
Wenninger Joseph Werkzeugdreher Forstkastenst. 52.
Werzinger Leo Rentner Bergst. 86.
Wimmer Anton Priester Alpenst. 88.
Wolfer Otto Spengler Würmst. 132.
Würz August Fabrikarb. Gautingerstraße 2½.
Wulzinger Therese Apothekerswitwe Bahnst. 24.
Wunder Stephan Fabrikarbeit. Bahnstraße 6½.
Wunderlich Wilh. Werkmstr. Bennostraße 82.
Zacherl Vitus Landwirt Heimst. 131.
Zachner Maria früh. Erzieherin Forstkastenst. 70.
Gräfin von Zech Elisabeth Schriftstellerin Zugspitzst. 142.
Zitzlsberger Elise Taglöhnerswitwe Bahnhofst. 85.
— Karl Fuhrunternehmer Bahnhofstraße 85.
Zissmann Michael Kaufm. Alpenst. 65.
Zumbe Kamilla Generalmusikdirektorswitwe Bergst. 86.

Grubmühl.

Bauer Andr. Bronzestampfer.
Dauer Xaver Werkmeister.
Eder Johann Metallschläger.
Ehalt Andreas Bronzestampfer.
Fenderl Franz Fabrikarbeiter.
Henneberger Max Verwalter.
Jackob Therese Fabrikarbeiterin.
Koller Joseph Bronzestampfer.
Magrelio Franz Walzermeister.
Rupp Paul Bronzestampfer.
Steiger Albert Maschinenschlosser.
Sternecker Georg Metallschläger.
Ublacker Otto Metallarbeiter.
Zehentbauer Isidor jun. Hilfsarbeiter.
— Leokadia Fabrikarbeiterswitwe.
Ziegler Hans Bronzestampfer.

Auszug aus dem Adreßbuch, um 1930

Ehrenliste der Gefallenen von Stockdorf 1914–1918

1. Hirschberger Josef, Inf., 1. Inf.Rgt. 9. K., 1. 10. 14 † Feldlaz. 10
2. Schwarz Adolf, Inft., 2. Seebat. 2. K., 12. 9. 14 Ypern
3. Altendorfer Friedrich, Uff., 15. I.R. 10. K., 10. 9. 15 Dompiers
4. Ertl Hans, Inft., I.Lb.Rgt. 2. K., 29. 7. 15 † Oberaudorf
5. Pflug Gottlieb, Inft., 16. J. R., 2. 10. 15 † München
6. Dauer Xaver, Inft., 10. I.R. 2. K., 18. 10. 15 St. Mihiel
7. Ramsteiner Michael, Gefr., 15. R.I.R. 8. K., 1. 8. 16 Favannes
8. Lang Josef, Landstm., 21. I.R. 4. K., 20. 8. 16 Angres
9. Hackenbuchner Wilh., Inf.Lb.R., 29. 8. 16 Frankreich
10. Dr. v. Sassen, Leutn., 2. R.I.R. 1. K., 3. 9. 16 Haut Alaines
11. Nirschl Michael, Inft., 17. I.R. 9. K., 2. 10. 16 Eaucourt Abbaye
12. Mahler Martin, Landstm., 7. I.R. 4. K., 1. 12. 16 Massniéres
13. Eichner Simon, Inft., 3. I.R., 30. 12. 16 Rumänien
14. Loibl Norbert, Ersatz-Res., K., 8. 2. 17 † Dachau
15. Kainz Karl, Gefr., Abt. 5, 7. 6. 17 vermißt
16. Harter Anton, Inft., 8. K., 17. 7. 17 Gheluvelt
17. Mayr Georg, Uff., 27. 3. 18 Lagny
18. Kuhn Florian, Gefr., O.K., 5. 4. 18 Morisel
19. Greim Ludwig, Obgefr., Geb.Abt., 28. 4. 18 Finnland

Auszug aus dem Protokoll des Katholischen Frauenbundes Stockdorf:

»Am 28. Oktober 1921 fand unter großer Beteiligung aller Stände Stockdorfs die feierliche Kriegerdenkmalenthüllung statt. Der K.F.B. Stockdorf ließ durch zwei weißgekleidete mit schwarzen Schärgen umflorte Mädchen einen großen Kranz niederlegen.«

Das Bild auf der Südseite von St. Vitus hat der Kunstmaler Karl M. Lechner als Kriegerdenkmal geschaffen.

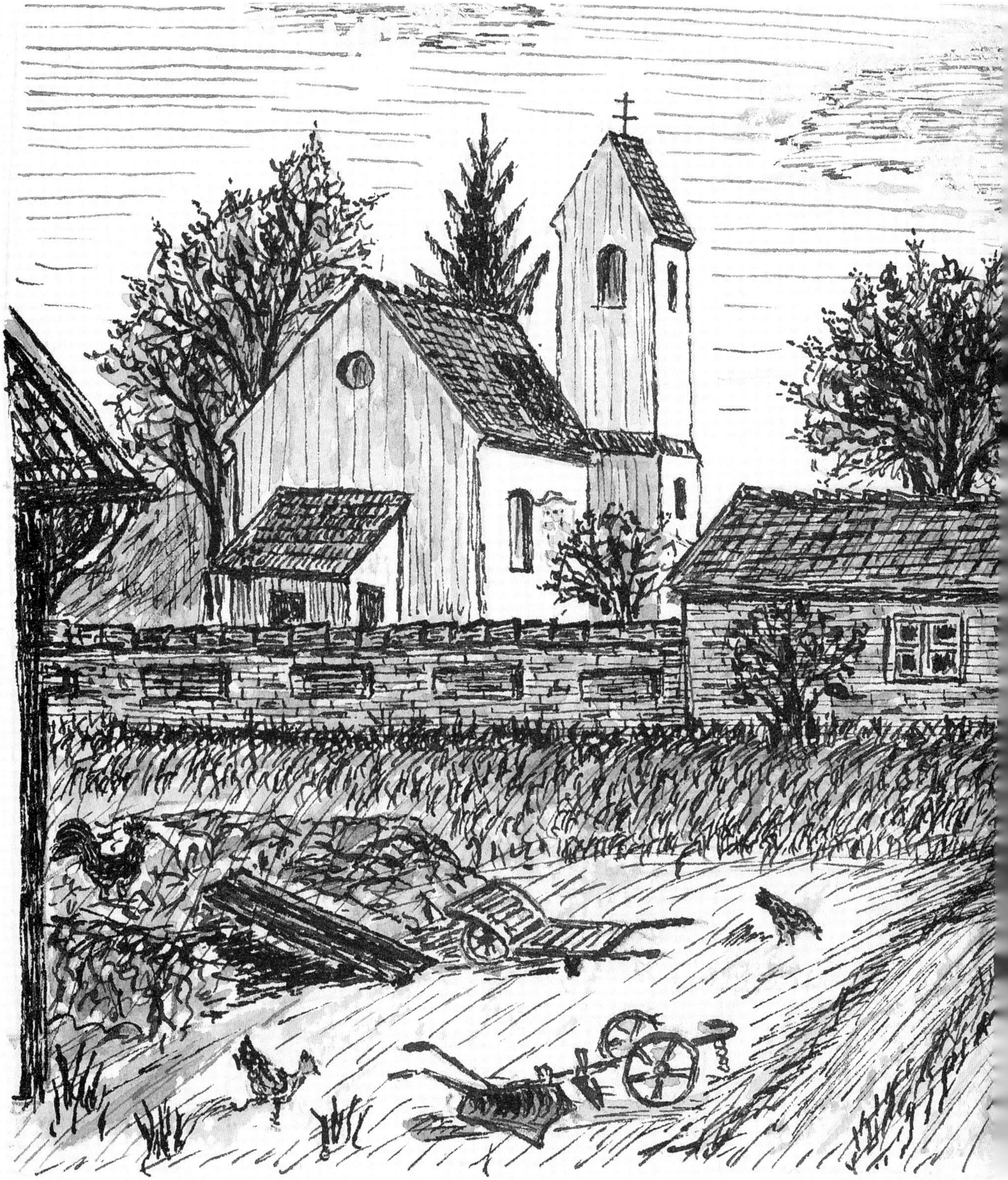

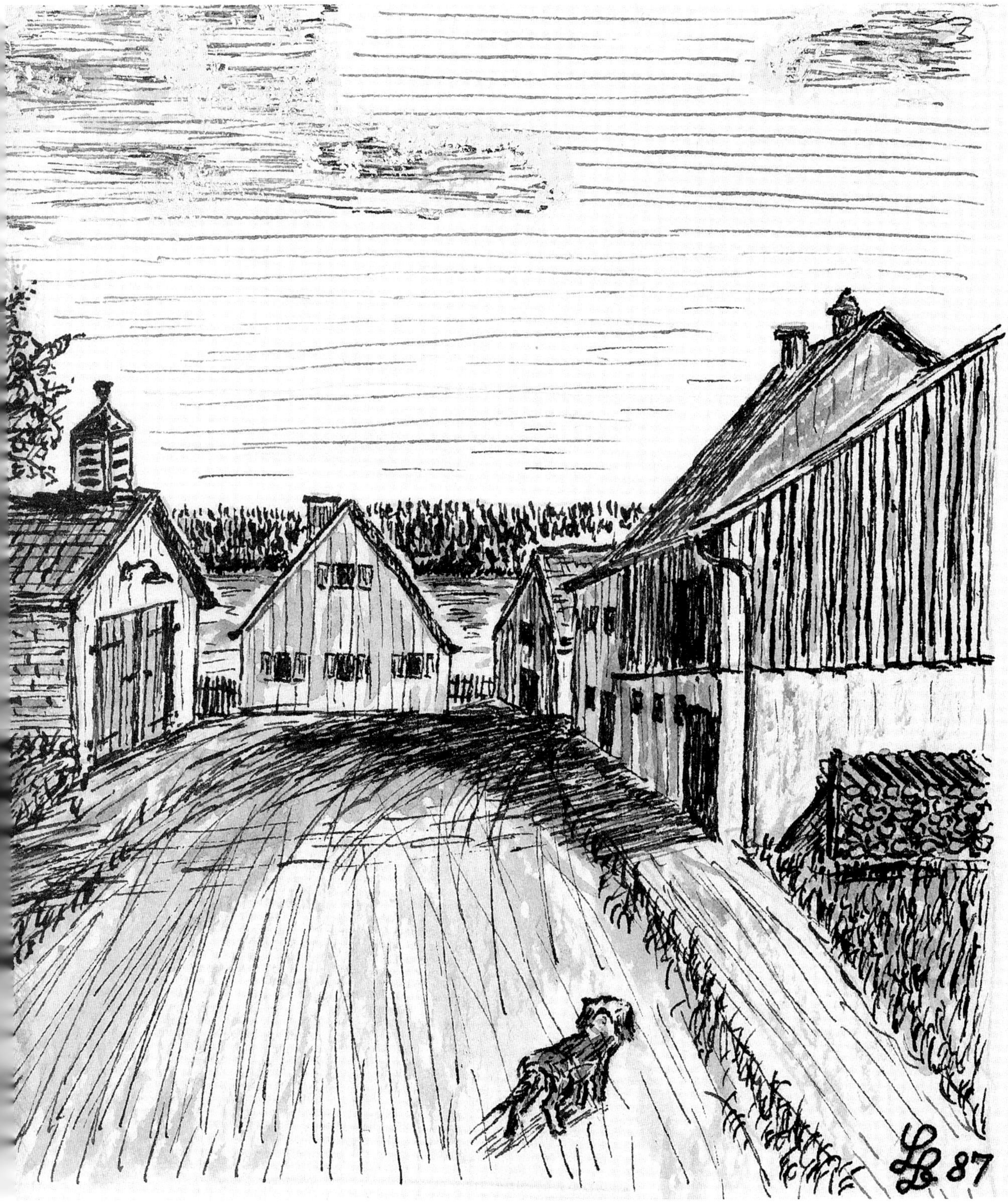

Schlußgedanken

Stockdorf, verhältnismäßig früh gegründet, tritt in Urkunden ziemlich spät auf. Dieses Buch soll nun auch ein Beitrag zur 750-Jahrfeier sein. Zurückgerechnet wäre das Jahr 1247 das Gründungsjahr, liest man aber bei Dr. Krämer nach, wird das Jahr 1253 erstmals urkundlich genannt.

Ich behandele hier überwiegend die Zeit bis zum Ende des Zweiten Weltkrieges. Auch die historischen Fotografien können nur bis Mitte des letzten Jahrhunderts zurückreichen, da man die Fotografie seinerzeit ja erst erfand.

Wer also aus noch früherer Zeit etwas wissen will, dem sei das Buch »Geschichte der Gemeinde Gauting« von Dr. Wolfgang Krämer empfohlen. Dort steht viel geschrieben über die Zahl der Häuser und Einwohner zu den verschiedenen Zeiten, auch über Landsteuer-Scharwerks- und Musterungsbücher sowie über Frondienste und Untertanenverzeichnisse. Zu lesen ist auch, daß Stockdorf bereits im Türkenkrieg von 1529 Soldaten stellen mußte und über die verheerenden Folgen, die der Dreißigjährige Krieg für das Dorf hatte, oder vieles über Verhörprotokolle von Pflegerichtern, die über Stockdorfer Sünder berichten.

Die letzten 50 Jahre habe ich auch erlebt. Über sie ist hier wenig zu lesen. Sicherlich könnte ich auch hierüber berichten. Ob ich aber darüber mit der gleichen inneren Anteilnahme schreiben könnte? Vielleicht schreibt in 50 Jahren wieder jemand über Stockdorf und würde dann über den Tengelmannbau mit der gleichen Sehnsucht nach Vergangenem schreiben wie ich heute über das Gemeindehaus, das ein reizvolles Dorfidyll abrundete und welches von einer fragwürdigen Kaufhaus-Dominante verdrängt wurde. Ähnliche Gefühle würden diesen zukünftigen Berichterstatter überkommen, weil nicht auszuschließen ist, daß er dann nurmehr von einem verdichteten und verstädterten Ort berichten könnte, den eine ausufernde Großstadt bereits ganz verschlungen hat.

Literatur

Altmann, Lothar; Kirchen entlang der Würm, München 1979.

Krämer, Wolfgang; Geschichte der Gemeinde Gauting, Gauting 1949.

Mayr, Karl; Gauting und Stockdorf 1870–1978, München 1985.

Nafziger, Gerhard; Chronik 100 Jahre Freiwillige Feuerwehr Stockdorf, Stockdorf 1990.

Nöhbauer, Hans F.; Die Chronik von Bayern, München 1987.

Ongyerth, Gerhard; Weichelt, Erich; Schütz, Mark, Die Würm, München 1995.

Scholl, Lars U.; Felix Schwormstädt 1870–1938, Herford 1990.

Vilgertshofer, Reiner; Chronik 60 Jahre Turnverein Stockdorf, Stockdorf 1971.

Danksagung

Allein ist ein solches Buch nicht zu schaffen. Man braucht Hilfe, und die wurde mir überall zuteil. So gilt mein Dank vielen Stockdorfern, die mir halfen, Erinnerungslücken zu schließen, mir aber auch viel interessantes Bildmaterial überließen. Es ist mir nicht mehr möglich, die Bilder einzelnen Spendern zuzuordnen.

Weil ich von ihr im Übermaß bedient wurde, ist es mir ein Bedürfnis, mich bei Frau Erika Schlumprecht besonders zu bedanken. Ein Buch muß aber nicht nur geschrieben und gestaltet, sondern auch finanziert werden. Frau Schlumprecht hat sich mit Nachdruck dafür eingesetzt, daß dieses Buch aus Mitteln der von ihrer Schwägerin und ihrem Bruder ins Leben gerufenen »Pauline und Walter Baier Stiftung« erscheinen kann. Hier gilt also mein besonderer Dank nicht nur Pauline und Walter Baier, sondern auch Frau Schlumprecht.

Das gleiche gilt auch für Frau Linde Haupt, die mich stundenlang in alten Akten wühlen ließ und der ich viele Dokumente verdanke. Auch Frau Martha Raab habe ich vielmals zu danken; sie überließ mir Familienalben, aus denen ich viele Bilder entnehmen konnte. Dank sagen möchte ich auch den Mitarbeitern der Gemeinden Gauting und Krailling sowie des Vermessungsamtes Starnberg, die keine Mühe scheuten, auch Verborgenes für mich wieder herauszusuchen. Schlußendlich gilt mein Dank auch meinem Freund Wolfgang Peter Uhden, der mir aus meinen Geschichten so manches »h« strich und es dort, wo eines fehlte, einsetzte.

Der Autor

Es gibt viele Volksweisheiten, eine davon heißt: »Schuster, bleib bei deinem Leisten.« Ich bin mir sicher, daß ich gegen diese verstoße. Wenn ich mich trotzdem autorisiert fühlte, dieses Buch zu schreiben, dann sind es meine große Verbundenheit zu Stockdorf und die Tatsache, daß ich noch ›einer von hier‹ bin.

Schuld am Zustandekommen dieser Geschichten sind auch viele Freunde, die mich immer wieder aufforderten, doch aufzuschreiben, was ich ihnen über das alte Stockdorf erzählt habe. Keinesfalls ist das Buch darauf angelegt, wissenschaftlichen Ansprüchen gerecht zu werden, es baut vielmehr auf selbst Erlebtem und Erzählgut auf.

Das Buch soll bei älteren Stockdorfern schöne Erinnerungen wachrufen und den ›Zuagroasten‹ einen Eindruck vom früheren Stockdorf vermitteln. Sollte es mir gelingen, den geneigten Leser doch etwas zu erstaunen und vielleicht ein Gefühl der Sehnsucht nach dem alten Stockdorf zu wecken, so würde ich mich sehr darüber freuen.

Zu mir selber. Am 17. Mai 1924 im wahrscheinlich ältesten Haus, dem ehemaligen »Viertel Haberlhof« geboren, genauso wie 1896 mein Vater und 1864 meine Großmutter, wuchs ich in ärmlichen Verhältnissen darin auf. Es war nicht selbstverständlich, aber ich durfte den Beruf des Feinmechanikers erlernen. Mit 18 Jahren holte mich »mein Führer«, und mit 19 1/2 hatte es mich bereits erwischt.

Lange brauchte ich, bis ich mich von meiner Verwundung wieder erholt hatte. Leider war ich nicht mehr in der Lage, meinen erlernten Beruf auszuüben. Menschen, die es gut mit mir meinten, rieten mir zu einem Studium an der Fachhochschule in München. Nachdem ich die Mittlere Reife nachgeholt hatte, studierte ich die Fachrichtung Maschinenbau und schloß das Studium 1951 als Diplomingenieur ab.

Nach einem Jahr als Betriebsingenieur in Kempten nutzte ich die nächste Gelegenheit, um wieder zurück nach Stockdorf zu kommen. 1952 trat ich als Konstruktionsingenieur in die Dienste der Siemens AG. 16 Jahre lang fesselte mich die Entwicklungsarbeit. Dann rief man mich als hauptamtliche Lehrkraft in die Siemens-eigene staatlich anerkannte Berufsfachschule, in der ich bis 1988 junge Menschen in die Welt der Technik einführte. Durch meine Lehrtätigkeit wirkte ich auch 20 Jahre als Vorsitzender eines Prüfungsausschusses der Industrie- und Handelskammer für München und Oberbayern.